Dr. Oetker Weihnachtliches Backen

Ceres-Verlag
Rudolf-August Oetker KG
Bielefeld

Wir danken dem Assugrin-Kochstudio, Köln,
für die freundliche Unterstützung.

Redaktion: Christa Schlüter-Zeitz (Ltg.)
Roswitha Lange

Rezept-Zusammenstellung: Inge Schiermann, Hamburg

Titelfoto: Christiane Pries, Borgholzhausen

Titelgestaltung: Agentur für Werbung und Marketing, ATS GmbH, Bielefeld

Satz: Mengensatz Wäsch KG, Hannover

Reproduktionen: Pörtner & Saletzki, Bielefeld

Herstellung: Druckhaus Ernst Kaufmann, Lahr

6. Auflage

ISBN 3-7670-0192-6

Freuen Sie sich auf das schönste Fest des Jahres und genießen Sie den Auftakt mit dem Duft von Vanille, Zimt, Honig und Marzipan, der frisch gebackenen Plätzchen entströmt, in vollen Zügen.

Diese besondere Stimmung der Adventszeit wird noch zudem durch zwei Erfolgserlebnisse gekrönt: durch den Augenblick, in dem Sie den Backofen öffnen und Ihr eigenes gelungenes Backwerk bewundern können und durch das folgende wohlklingende Lob Ihrer Familie und Gäste.

Damit Ihnen dieses Lob stets sicher ist, haben wir im Laufe der Jahre mit viel Liebe und Sorgfalt die schönsten Plätzchen, festliche Torten, klassische Kuchen, Honiggebäck und spezielles Gebäck für Kalorienbewußte entwickelt und für Ihre Weihnachtsbäckerei zusammengetragen.

Back-Tips

Zweckmäßige Geräte

Kleingeräte

Eine Waage oder ein Meßbecher sind für das Abwiegen der Zutaten erforderlich. Auch ein Litermaß sollte in jedem Haushalt vorhanden sein. Nur die genaue Einhaltung der vorgeschriebenen Mengen sichert den Erfolg.
Rührschüsseln, in denen die Teige – bis auf Knetteig – zubereitet werden, sollten einen innen abgerundeten Boden haben. Ungeeignet sind Schüsseln aus Emaille (Splittergefahr) und Aluminium (färbt Teige grau). Damit sich die Schüssel beim Rühren nicht verschiebt, kann ein feuchtes Tuch untergelegt werden.
Löffel zum Rühren von Hand sollten ein durchlochtes Blatt haben. Ein Schneebesen empfiehlt sich für Biskuitteige.
Ein Schüttelsieb ist ein unentbehrlicher Helfer beim Sieben von Mehl-Backpulver-Gemisch und Puderzucker.
Ein Teigschaber (meistens aus Zelluloid) ist praktisch, um damit die Teigreste aus der Schüssel zu nehmen, aber auch, um den Teig gleichmäßig auf dem Backblech zu verteilen. Bei festeren Teigen empfiehlt es sich, den Teigschaber vor der Verwendung in Milch oder Wasser zu tauchen, damit keine Teigreste hängenbleiben.

Backformen

Backformen und ihr Material sind mitentscheidend für ein gutes Backergebnis. Vorzügliche Wärmeleiter sind Aluminium und Weißblech, aus denen die meisten Backformen noch hergestellt werden. Backformen können in zwei Gruppen unterteilt werden, in helle und dunkle. Helle Backformen aus rauhverzinntem Weißblech eignen sich besonders gut für die direkte, intensive Hitze des Gasherdes. Dies gilt auch für helle Backformen aus Reinaluminium.
Dunkle Backformen aus Stahlblech mit einer besonders entwickelten Innenbeschichtung sind die idealen Formen für alle Elektroherde. Formen mit einer Antihaftbeschichtung bestehen ebenfalls aus Stahlblech und haben eine mattschwarze, speziell wärmeleitende Oberfläche. Sie sind für alle Energiearten bestens geeignet.
Dekoramik-(Keramik-)Backformen sind bei über 1000 Grad hart gebrannt und anschließend glasiert. Sie sind für alle Energiearten geeignet, bringen beste Backergebnisse und sind darüber hinaus ein dekorativer Wandschmuck für die Küche.
Wichtig: Alle Back- und Ausstechformen und Backbleche sollten nach jedem Gebrauch sorgfältig gereinigt und getrocknet werden.

Back-Trennpapier

Bei der Verwendung von Back-Trennpapier entfällt das Einfetten des Backblechs. Kleingebäck und Blechkuchen lassen sich leicht lösen und das Backblech muß nicht gereinigt werden. Back-Trennpapier kann mehrmals verwendet werden.

Maße und Gewichte

Genaues Abmessen und Wiegen ist eine Voraussetzung für das Gelingen des Backwerks. Die nachstehende Tabelle soll eine Hilfe für das Abmessen kleiner Mengen sein.

10 g Weizenmehl	= 1 gestrichener Eßl.
25 g Weizenmehl	= 1 gut gehäufter Eßl.
2 g Speisestärke	= 1 gestrichener Teel.
10 g Speisestärke	= 1 schwach gehäufter Eßl.
15 g Speisestärke	= 1 gut gehäufter Eßl.
25 g Speisestärke	= 2½ schwach gehäufte Eßl.
3 g Backpulver	= 1 gestrichener Teel.
10 g Zucker/Puderzucker	= 1 gehäufter Teel.
15 g Zucker/Puderzucker	= 2 gestrichene Eßl.
20 g Zucker/Puderzucker	= 1 schwach gehäufter Eßl.
25 g Zucker/Puderzucker	= 1 gut gehäufter Eßl.
5 g Kakao	= 1 gestrichener Eßl.
10 g Semmelmehl	= 1 gestrichener Eßl.
12 g Grieß	= 1 gestrichener Eßl.
125 ml (⅛ l) Milch	= 8 Eßl.
15 g Fett	= 1 gestrichener Eßl.
5 g Salz	= 1 gestrichener Teel.

Wichtige Backzutaten

Für das Gelingen des Gebäckes ist es wichtig, daß die Backzutaten frisch sind.

Anis
Gewürz aus der Frucht der Anispflanze mit stark süßlich-würzigem Aroma. Das Aroma verflüchtigt sich schnell, daher Anis nur in kleinen Mengen erst kurz vor dem Verbrauch einkaufen.

Arrak
Trinkbranntwein, hergestellt aus Reis, Zukkerrohr-Melasse oder zuckerhaltigen Pflanzensäften. Als Aroma besonders für Glasuren geeignet.

Backaroma
Auszug aus verschiedenen Grundsubstanzen in Öl zum Aromatisieren des Gebäcks. Abgefüllt in Fläschchen gibt es die Geschmacksrichtungen Bittermandel, Rum, Arrak, Butter-Vanille und Zitrone.

Backhefe
Biologisches Triebmittel, das als Frischhefe in Würfeln und als Trockenhefe in Päckchen abgepackt erhältlich ist.

Backoblaten
Hauchdünnes Dauergebäck – rund oder viereckig – aus Mehl oder Speisestärke. Als Unterlagen z. B. für Makronen und Lebkuchen geeignet.

Backpulver
Chemisches Triebmittel, vorwiegend aus Natriumcarbonat. Abgefüllt in kleinen Tüten. Backpulver am besten immer frisch besorgen. Wird ein kleiner Vorrat aufbewahrt, sollte er kühl und trocken und getrennt von stark riechenden Lebensmitteln, z. B. Gewürzen, gelagert werden (Blechdose). Für die Teigzubereitung wird Backpulver mit Mehl gemischt, gesiebt und dann nach Rezept verarbeitet.

Bittere Mandeln
Mandeln mit stark bitterem Geschmack und Blausäure-Gehalt. Sie dürfen deshalb nur in kleinsten Mengen als geschmackgebende Zutat verwendet werden.

Butter
Wird bevorzugt für sehr feine Backwaren genommen.

Eier
Nur frische oder einwandfrei konservierte Hühnereier verwenden. Um vor Gebrauch zu prüfen, ob sie gut sind, werden sie einzeln über einer Tasse aufgeschlagen.

Erdnußkerne
Geschälte Kerne der Erdnuß. Sie werden wie Mandeln und Nüsse verwendet.

Farin-Zucker
Gelb- bis dunkelbrauner Zucker aus Zuckerablaufsirup.

Feigen
Birnenförmige, grüne, auch purpurrote bis bräunlich-violette Frucht. Süß, sehr aromatisch, mit honigartigem Geschmack. Zum Backen eignen sich nur getrocknete Feigen.

Gelatine
Geschmacksreine Gelatine dient als Geliermittel für Gelee- und Cremespeisen, für Aspik und Sülzen. Gemahlen in Päckchen abgepackt oder in Blattform erhältlich.

Hagelzucker
Grob kristallisierter Zucker zum Bestreuen von Gebäck.

Hirschhornsalz
Chemisches Triebmittel aus Ammoniumcarbonat oder aus carbaminsaurem Ammonium. Für flache, trockene Gebäcke wie Honig- oder Lebkuchen. Hirschhornsalz zersetzt sich an der Luft und muß daher in gut verschlossenen Behältern (Blechdose) aufbewahrt werden.

Honig
Beliebte Zutat zur Weihnachtsbäckerei.

Ingwer
Gewürz aus der getrockneten Wurzel der Ingwerpflanze. Im Handel ganz oder gemahlen erhältlich, aber auch kandiert in Sirup eingelegt. Ingwer hat einen starkwürzigen, etwas brennenden Geschmack. Nur in geringen Mengen verwenden.

Kardamom
Getrocknete Kapselfrucht der Kardamompflanze. Im Handel als ganze Frucht oder gemahlen angeboten. Kardamom hat einen brennend-würzigen Geschmack und wird besonders für die Weihnachtsbäckerei verwendet. (Spekulatius, Stollen, Lebkuchen, Gewürzkuchen.)

Kartoffelmehl
Speisestärke aus Kartoffeln gewonnen.

Kokosraspeln
Feingeraspeltes Fruchtfleisch der Kokosnüsse. In Beuteln abgepackt erhältlich. Wegen des hohen Fettgehaltes sind Kokosraspeln nur begrenzt lagerfähig.

Koriander
Gewürz aus der gelblich-bräunlichen Spaltfrucht Coriandum sativum. Im Handel ganz, geschrotet oder gemahlen erhältlich. Wird besonders für die Weihnachtsbäckerei verwendet.

Korinthen
Kleine, luftgetrocknete, rötlichblaue bis violettschwarze, kernlose Beeren einer Abart der Weinrebe. Vorwiegend aus Griechenland. Verwendung wie Rosinen.

Krokantstreusel
Aus Krokantmasse hergestellt. Im Handel in Päckchen oder Beuteln abgepackt erhältlich. Werden zum Bestreuen und Garnieren von Gebäck verwendet.

Kümmel
Gewürz aus der Frucht der Kümmelpflanze. Im Handel ganz, geschrotet oder gemahlen erhältlich. Herzhafter Geschmack. Wird als Gewürz für Salzgebäck, Brot und Brötchen verwendet.

Kuvertüre
In den Geschmacksnuancen Milchschokolade, halbbittere oder bittere Schokolade erhältlich. Eignet sich zum Überziehen von Gebäck, aber auch als Teig- und Creme-Zusatz.

Mandeln
Steinfrucht des Mandelbaumes. Im Handel geschält oder ungeschält, im ganzen, gehackt, gehobelt oder gestiftelt erhältlich.

Margarine
Ideales Backfett vorwiegend aus pflanzlichen Ölen und Fetten.

Marzipan-Rohmasse
Zu etwa 200 g abgepackt im Handel erhältlich. Wird für Kuchen-und Tortenfüllungen, für Garnierungen, für Konfekt und als Teigzusatz verwendet.

Mehl
Überweigend wird die Mehltype 405 angeboten, die für alle Backrezepte verwendbar ist. Mehl muß trocken sein, nicht klumpig oder feucht.

Milch
Jede Milchsorte eignet sich zum Backen. Es kann auch Dosenmilch (eventuell verdünnt), Sahne, Buttermilch, Sauermilch oder angerührtes Milchpulver verwendet werden. Wichtig ist, daß die in dem Rezept angegebene Menge eingehalten wird.

Mohn
Samen der Mohnpflanze. Wird gemahlen als Füllung oder als Teigzusatz verwendet. Ganzen Mohnsamen nimmt man zum Bestreuen von Brötchen, Salzgebäck, Brot.

Muskatblüte (Macis)
Gewürz aus dem Samenkern der Muskatfrucht. Im Handel ganz oder gemahlen erhältlich.

Muskatnuß
Gewürz aus dem Samen der Muskatfrucht. Wird gerieben zur Verfeinerung von Gewürzgebäck und Obstkuchen verwendet.

Nelken
Blütenknospen des Gewürznelkenbaumes. Sie werden ganz oder gemahlen verwendet. Kräftig brennend-scharfer Geschmack.

Nougatmasse
Konzentrierte, weiche Rohmasse aus geschälten Nußkernen, Zucker und Kakaoerzeugnissen. Wird geschmolzen als Teigzusatz, für Kuchen- und Tortenfüllungen und für -garnierungen verwendet.

Orangeat
Kandierte Fruchtschale der Pomeranze. Im Handel meist gewürfelt, aber auch in halben Schalen erhältlich. Wird als Teigzusatz und zum Garnieren verwendet.

Piment (Nelkenpfeffer, Gewürzkörner)
Gewürz aus den getrockneten Beeren des Nelkenpfefferbaumes. Im Handel gemahlen erhältlich. Wird für Honiggebäck und Gewürzkuchen verwendet.

Pistazien
Frucht des Pistazienbaumes. Im Handel meist schon entkernt erhältlich. Werden feingehackt als Teigzusatz, grobgehackt oder halbiert zum Garnieren verwendet.

Pottasche
Weißes, geruchloses Salz (Kaliumcarbonat). Chemisches Triebmittel vor allem für Honigkuchen.

Rosenwasser
Kondensat, das bei der Gewinnung von Rosenöl anfällt. Wird zum Aromatisieren von Weihnachtsgebäck und zur Herstellung von Marzipan verwendet.

Rosinen (Sultaninen, Sultanas)
Luftgetrocknete helle und dunkle, kernlose Beeren verschiedener Arten der Weinrebe aus Griechenland, der Türkei, Kalifornien und Australien.

Safran
Getrocknete Blütenstempel aus einer Krokuspflanze des Mittelmeerraumes. Sehr aromatischer, leicht bitterer Geschmack. Wegen seiner Intensität von Farbe und Geschmack sollte Safran beim Backen nur in geringen Mengen in Rührteigen und für Kleingebäck verwendet werden.

Sahnesteif
Pulver aus besonderen Stärkeprodukten. Wird während des Schlagens der Sahne beigegeben, hält die Sahne länger als gewöhnlich steif und verhindert vor allem das Absetzen von Flüssigkeit.

Speisestärke
Bindemittel, aus Mais oder Kartoffeln gewonnen, für Cremes oder Soßen. Mit Mehl gemischt, wird es auch zur Teigzubereitung von feinen Gebäcken verwendet.

Tortenguß
In Päckchen abgepacktes Geleepulver, das mit Wasser, Obstsaft oder Wein nach Vorschrift zubereitet wird. Im Handel farblos (klar) oder rot erhältlich.

Vanillin-Zucker
Mischung aus dem künstlichen Trockenaroma Vanillin und Zucker. Ist der am meisten verwendete Vanille-Aromastoff. Im Handel in Päckchen abgepackt erhältlich.

Zimt (Kaneel)
Gewürz aus der getrockneten Rinde verschiedener Arten des Zimtbaumes. Im Handel als Stangenzimt oder gemahlen erhältlich. Kräftig aromatischer, aber leicht bitterer Geschmack.

Zitronat (Sukkade)
Kandierte Fruchtschale der Zitronatzitrone. Im Handel gewürfelt und als halbe Schalen erhältlich. Wird als Teigzusatz und zum Garnieren verwendet.

Zucker
Aus Zuckerrüben oder Zuckerrohr gewonnen. Zum Backen wird im allgemeinen Zukkerraffinade (möglichst feinkörnig wegen besserer Löslichkeit) verwendet. Für Honig- und Lebkuchen auch Farin-Zucker. Für Güsse, Glasuren und zum Bestäuben von Gebäck wird vorwiegend Puderzucker verwendet.

Garprobe

Bevor Gebäcke wie Napfkuchen, Kranzkuchen, Stollen usw. aus dem Ofen genommen werden, empfiehlt es sich, die Garprobe zu machen, d. h. mit einem Hölzchen in die Mitte des betreffenden Gebäcks stechen. Bleiben keine feuchten Krumen daran haften, ist das Gebäck gar und kann aus dem Ofen genommen werden.

Formkuchen

nach beendeter Backzeit aus dem Ofen nehmen und etwa 10 Minuten stehenlassen, bevor sie auf einen Kuchenrost gestürzt werden.

Blechkuchen

möglichst warm vom Blech nehmen, evtl. vierteln und auf einem Kuchenrost oder dem Backrost auskühlen lassen. Andernfalls schlägt sich die Feuchtigkeit aus dem Kuchen auf dem Backblech nieder. Dadurch kann der Geschmack des Gebäcks beeinträchtigt werden.

Kleingebäck

muß, sobald es genügend gebräunt ist, vom Blech genommen und einzeln nebeneinander auf einen Kuchenrost gelegt werden.

Richtiges Aufbewahren von Gebäck

Formkuchen

Das ausgekühlte Gebäck in Alufolie eingewickelt aufbewahren.

Stollen

Nach dem völligen Erkalten auf dem Kuchenrost sollte der Stollen in Alufolie eingewickelt werden. So bleibt er, wenn er kühl und trocken gelagert wird, bis zu 4 Wochen frisch, und das Aroma der Früchte und Gewürze zieht durch das Gebäck.

Plätzchen

Alle vom Backblech genommenen Plätzchen müssen auf einem Kuchenrost zunächst gut auskühlen. Erst wenn sie völlig erkaltet sind, können sie zur Aufbewahrung verpackt werden. Alle Plätzchen müssen kühl und trocken aufbewahrt werden.
Plätzchen, die knusprig bleiben sollen, werden in gut schließende Dosen gelegt.
Plätzchen, die weich werden sollen, bleiben an der Luft stehen, bis sie die gewünschte Beschaffenheit haben, erst dann werden sie in Dosen mit lose aufgelegtem Deckel gegeben. Das Gebäck bleibt weich, wenn eine Scheibe Brot mit in die Dose gelegt wird.
Es können mehrere Sorten Gebäck gleicher Art in einer Dose aufbewahrt werden, zweckmäßigerweise jeweils getrennt durch eine Lage Alufolie oder Pergamentpapier.
Stark gewürzte Plätzchen sollten gesondert verpackt werden.

Makronengebäcke

Sie dürfen nicht zu stark ausgebacken werden. Wenn sie vom Backblech genommen werden, müssen sie sich noch weich anfühlen. Während des Auskühlens auf dem Kuchenrost trocknen die Makronen ausreichend nach und behalten ihre äußere Knusprigkeit in fest verschlossenen Dosen.
Makronengebäcke eignen sich nicht zum Einfrieren.

Zöpfe, Stollen, Kränze

Mohnrolle

	Für den Teig
	$\frac{2}{3}$ von
375 g Weizenmehl	in eine Schüssel sieben, mit
1 Päckchen Trocken-Hefe	sorgfältig vermischen
75 g Zucker	
1 Päckchen Vanillin-Zucker	
Salz	
75 g zerlassene, lauwarme Butter oder Margarine	
1 Ei	
knapp 200 ml ($\frac{1}{5}$ l) lauwarme Milch	hinzufügen, mit dem Mehl verrühren, so lange schlagen, bis der Teig Blasen wirft das restliche Mehl darunter kneten den Teig an einem warmen Ort so lange stehenlassen, bis er etwa doppelt so hoch ist
	für die Füllung
250 g gemahlenen Mohn	mit
150 g zerlassener Butter oder Margarine	
150 g Zucker	
2 Eiern	
25 g abgezogenen, gemahlenen Mandeln	
100 g gewürfeltem Zitronat (Sukkade)	
75 g verlesenen Rosinen	
2 Tropfen Backöl Bittermandel	zu einer geschmeidigen Masse verrühren den Teig zu einem Rechteck von 35 x 40 cm ausrollen, die Füllung gleichmäßig darauf verstreichen (an den Seiten je 2 cm frei lassen), die Ränder an den beiden kürzeren Seiten etwas einschlagen, den Teig von der längeren Seite her fest aufrollen die Rolle auf ein gefettetes Backblech legen, an einem warmen Ort nochmals so lange stehenlassen, bis sie sich sowohl in der Breite als auch in der Höhe etwa um die Hälfte vergrößert hat die Rolle der Länge nach etwa $\frac{1}{2}$ cm tief einschneiden, mit
Dosenmilch	bestreichen, in den vorgeheizten Backofen schieben
Strom:	150 – 175
Gas:	2 – 3
Backzeit:	Etwa 40 Minuten

	für den Guß
75 g gesiebten Puderzucker	mit
1½ – 2 Eßl. Zitronensaft	glattrühren, so daß eine dickflüssige Masse entsteht das Gebäck sofort nach dem Backen damit bestreichen, mit
abgezogenen, gehobelten Mandeln	bestreuen.

Amerikaner

	Für den Teig
100 g Butter oder Margarine	geschmeidig rühren, nach und nach
100 g Zucker **1 Päckchen Vanillin-Zucker** **2 Eier** **Salz**	hinzugeben
1 Päckchen Pudding-Pulver Vanille-Geschmack	mit
3 Eßl. Milch	hinzufügen
250 g Weizenmehl	mit
9 g (3 gestrichene Teel.) Backpulver Backin	mischen, sieben, eßlöffelweise unterrühren mit 2 Eßlöffeln nicht zu große Teighäufchen auf ein gefettetes Backblech setzen
Strom:	175 – 200
Gas:	5 Minuten vorheizen 3 – 4, backen 3 – 4
Backzeit:	15 – 20 Minuten
	für hellen Guß
100 g gesiebten Puderzucker	mit
etwa 1 Eßl. heißem Wasser	glattrühren, so daß eine dickflüssige Masse entsteht die Hälfte der Amerikaner auf der Unterseite mit dem Guß bestreichen
	für dunklen Guß
100 g gesiebten Puderzucker	mit
15 g Kakao	mischen, sieben, mit
etwa 2 Eßl. heißem Wasser	glattrühren, so daß eine dickflüssige Masse entsteht die restlichen Amerikaner auf der Unterseite mit dem Guß bestreichen.

Zopf

(Abb. S. 17)

500 g Weizenmehl	in eine Schüssel sieben, mit
1 Päckchen Trocken-Hefe	sorgfältig vermischen
Salz, 75 g Zucker ½ Fläschchen Rum-Aroma 3 Tropfen Backöl Zitrone 3 Tropfen Backöl Bittermandel je 1 Messerspitze gemahlenen Kardamom, gemahlene Muskatblüte 200 g zerlassene, abgekühlte Butter 2 Eier, 1 Eiweiß 6 Eßl. lauwarme Milch	hinzufügen, alles mit einem elektrischen Handrührgerät mit Knethaken zuerst auf der niedrigsten, dann auf der höchsten Stufe in etwa 5 Minuten zu einem Teig verarbeiten
125 g Rosinen 125 g Korinthen	beide Zutaten verlesen
50 g abgezogene, gemahlene Mandeln 50 g gewürfeltes Zitronat	alle Zutaten mit dem Handrührgerät unter den Teig kneten, sollte er kleben, noch etwas Mehl hinzufügen (aber nicht zu viel, Teig muß weich bleiben) den Teig an einem warmen Ort so lange stehenlassen, bis er etwa doppelt so hoch ist, ihn dann mit dem Handrührgerät auf der höchsten Stufe nochmals gut durchkneten ⅔ des Teiges in 3 gleich große Stücke teilen, von jedem Teigstück eine 40 cm lange Rolle formen, zu einem Zopf flechten, die Enden des Zopfes gut zusammendrücken, damit sie sich beim Backen nicht lösen den Zopf auf ein gefettetes Backblech legen, mit einem Rollholz der Länge nach eine Vertiefung eindrücken
1 Eigelb, 1 Eßl. Milch	verschlagen, die Vertiefung mit etwas davon bestreichen von dem Rest des Teiges 3 etwa 35 cm lange Rollen formen, daraus einen Zopf flechten, auf den größeren legen, ebenfalls mit Eigelb bestreichen den Zopf nochmals an einem warmen Ort so lange stehenlassen, bis er sich sowohl in der Breite wie in der Höhe etwa um die Hälfte vergrößert hat, ihn erst dann in den vorgeheizten Backofen schieben
Strom:	175 – 200
Gas:	3 – 4
Backzeit:	Etwa 35 Minuten.

Aprikosenzopf

(Abb. S. 18)

150 g getrocknete, grobgehackte Aprikosen	
75 g abgezogene, gehackte Mandeln	
50 g feingewürfeltes Zitronat (Sukkade)	
25 g feingewürfeltes Orangeat	mischen, mit
2 Eßl. Arrak	beträufeln, gut durchziehen lassen
500 g Weizenmehl	in eine Schüssel sieben, mit
1 Päckchen Trocken-Hefe	sorgfältig vermischen
100 g Zucker	
150 g zerlassene, lauwarme Butter	
200 ml (1/5 l) lauwarme Milch	
1 Ei	
ausgekratztes Mark von ½ Vanilleschote	
abgeriebene Schale von ½ Zitrone (unbehandelt)	
Salz	hinzufügen, alles mit einem elektrischen Handrührgerät mit Knethaken zuerst auf der niedrigsten, dann auf der höchsten Stufe in etwa 5 Minuten zu einem Teig verarbeiten, die übrigen Zutaten unterkneten den Teig an einem warmen Ort so lange stehenlassen, bis er etwa doppelt so hoch ist, ihn dann auf höchster Stufe nochmals gut durchkneten den Teig in 3 gleich große Stücke teilen, von jedem Teigstück eine 35 – 40 cm lange Rolle formen, zu einem Zopf flechten, die Enden des Zopfes gut zusammendrücken, damit sie sich beim Backen nicht lösen den Zopf auf ein gefettetes Backblech legen, nochmals an einem warmen Ort so lange stehenlassen, bis er sich in der Breite wie in der Höhe etwa um die Hälfte vergrößert hat, erst dann in den vorgeheizten Backofen schieben
Strom:	175 – 200
Gas:	3 – 4
Backzeit:	Etwa 60 Minuten nach dem Backen den noch heißen Zopf mit
75 g zerlassener Butter	bestreichen, mit
75 g Puderzucker	bestäuben.
Tip:	Aprikosenzopf vor dem 1. Advent backen. In Alufolie verpackt hält er sich einige Zeit frisch.

Stollen – einmal anders

	Für den Brandteig
250 ml (¼ l) Wasser 100 g Butter oder Margarine	am besten in einem Stieltopf zum Kochen bringen
125 g Weizenmehl	sieben, auf einmal in die von der Kochstelle genommene Flüssigkeit schütten, zu einem glatten Kloß verrühren, unter Rühren etwa 1 Minute erhitzen, den heißen Kloß sofort in eine Rührschüssel geben nach und nach
3 Eier 25 g (1 gut gehäufter Eßl.) Zucker	unterrühren
	für den Rührteig
150 g Schweineschmalz 50 g Rinderfett	beide Zutaten zerlassen, kalt stellen
100 g Zucker 1 Päckchen Vanillin- Zucker Salz	in das erkaltete, etwas festgewordene Fett geben, rühren, bis Fett und Zucker weißschaumig geworden sind nach und nach
1 Ei 1 Eigelb 4 Tropfen Backöl Bittermandel 1 Fläschchen Rum-Aroma 4 Tropfen Backöl Zitrone 1 Messerspitze gemahlenen Kardamom 1 Messerspitze gemahlene Muskatblüte	hinzufügen
400 g Weizenmehl	mit
1 Päckchen Backpulver Backin	mischen, sieben, knapp die Hälfte davon unter die Fett-Zucker-Masse rühren, das restliche Mehl auf die Tischplatte geben, darauf den Rührteig und den Brandteig geben
125 g Korinthen 125 g Rosinen	beide Zutaten verlesen, mit
100 g gewürfeltem Zitronat (Sukkade) oder Orangeat 100 g abgezogenen, gehackten Mandeln	hinzufügen, alles schnell zu einem glatten Teig verkneten, sollte er kleben, noch etwas Weizenmehl hinzufügen den Teig zu einem Stollen formen, auf ein mit

	Pergamentpapier belegtes Backblech legen, mit
1 Eiweiß	bestreichen
Strom:	Vorheizen 250, backen 160 – 180
Gas:	2 – 3
Backzeit:	50 – 60 Minuten
75 – 100 g Butter	zerlassen, den Stollen sofort nach dem Backen damit bestreichen, mit
Puderzucker	bestäuben.

Marzipan-Rosenkuchen

	Für die Füllung
200 g abgezogene, gemahlene Mandeln	mit
150 g gesiebtem Puderzucker	
3 Tropfen Backöl Bittermandel	
1 Eiweiß	
4 – 5 Eßl. Wasser	unter ständigem Rühren so lange erwärmen, bis eine gleichmäßige Masse entstanden ist, etwas abkühlen lassen
	für den Teig
200 g Speisequark	mit
6 Eßl. Milch	
1 Ei	
8 Eßl. (125 ml) Speiseöl	
100 g Zucker	
1 Päckchen Vanillin-Zucker	
Salz	verrühren
400 g Weizenmehl	mit
1 Päckchen und 6 g (2 gestr. Teel) Backpulver Backin	mischen, sieben, die Hälfte davon unterrühren, den Rest des Mehls unterkneten den Teig zu einem Rechteck von etwa 50 x 40 cm ausrollen die Füllung auf dem Teig verteilen
100 g Rosinen	
50 g Korinthen	beide Zutaten verlesen, über die Mandelmasse streuen den Teig von der längeren Seite her aufrollen die Rolle in 16 Stücke schneiden, diese in eine gefettete Springform (Durchmesser etwa 28 cm) legen
1 Eigelb	mit
1 Eßl. Milch	verschlagen, den Teig damit bestreichen
Strom:	175 – 200 (vorgeheizt)
Gas:	3 – 4 (nicht vorgeheizt)
Backzeit:	50 – 65 Minuten.

Feiner Napfkuchen

	Für den Teig
350 g Butter	geschmeidig rühren, nach und nach
300 g Zucker	
1 Päckchen Vanillin-Zucker	
4 Eier	unterrühren
350 g Weizenmehl	mit
50 g Speisestärke	
6 g (2 gestrichene Teel.) Backpulver Backin	mischen, sieben, eßlöffelweise unterrühren den Teig in die gefettete Napfkuchenform füllen
Strom:	175 – 200, **Gas:** 2 – 3
Backzeit:	Etwa 1 Stunde
	für den Guß
100 g zartbittere Schokolade	in kleine Stücke brechen, mit
etwa 25 g Kokosfett	in einem kleinen Topf im Wasserbad bei schwacher Hitze zu einer geschmeidigen Masse verrühren den erkalteten Kuchen damit überziehen.

Stollen

500 g Weizenmehl	mit
1 Päckchen Backpulver	mischen, auf die Tischplatte sieben, in die Mitte eine Vertiefung eindrücken
175 g Zucker	
1 Päckchen Vanillin-Zucker, Salz	
4 Tropfen Backöl Bittermandel	
1 Fläschchen Rum-Aroma	
4 Tropfen Backöl Zitrone	
je 1 Messerspitze gemahlenen Kardamom, gemahlene Muskatblüte	
2 Eier	hineingeben, mit einem Teil des Mehls zu einem dicken Brei verarbeiten
175 g kalte Butter	in Stücke schneiden, auf den Brei geben
125 g Korinthen	
250 g Rosinen	beide Zutaten verlesen, mit
250 g Speisequark	
150 g abgezogenen, gemahlenen Mandeln	

50 g gewürfeltem Zitronat (Sukkade)	darauf geben, mit Mehl bedecken von der Mitte aus alle Zutaten schnell zu einem glatten Teig verkneten, sollte er kleben, noch etwas Mehl hinzugeben den Teig zu einem Stollen formen, auf ein mit Pergamentpapier belegtes Backblech legen
Strom:	Vorheizen 250, backen 160 – 180
Gas:	2 – 3
Backzeit:	50 – 60 Minuten den Stollen sofort nach dem Backen mit
100 g zerlassener Butter	bestreichen, mit
50 g Puderzucker	bestäuben, zum Auskühlen auf einen Kuchenrost legen.
Tip:	Stollen schon etwa 4 Wochen vor Weihnachten backen. In Alufolie verpacken, kühl und trocken lagern. So bleibt er frisch und bekommt noch mehr Aroma.

Napfkuchen

500 g Weizenmehl	in eine Schüssel sieben, mit
1 Päckchen Trocken-Hefe	sorgfältig vermischen
150 g Zucker	
1 Päckchen Vanillin-Zucker	
6 Tropfen Backöl Zitrone	
Salz	
200 g zerlassene, lauwarme Butter	
3 Eier	
knapp 200 ml (⅕ l) lauwarme Milch	hinzufügen, alles mit einem elektrischen Handrührgerät mit Knethaken zuerst auf der niedrigsten, dann auf der höchsten Stufe in etwa 5 Minuten zu einem Teig verarbeiten den Teig an einem warmen Ort so lange stehenlassen, bis er etwa doppelt so hoch ist, den Teig dann auf höchster Stufe gut durchkneten
50 g abgezogene, gehackte Mandeln	
50 g gewürfeltes Zitronat (Sukkade)	
50 g verlesene Rosinen	hinzufügen, in eine gefettete, mit
Semmelmehl	ausgestreute Napfkuchenform (Durchmesser etwa 22 cm) füllen, nochmals an einem warmen Ort so lange stehenlassen, bis er etwa um ⅓ höher ist, erst dann in den Backofen schieben
Strom:	175 – 200 (vorgeheizt)
Gas:	2 – 3 (nicht vorgeheizt)
Backzeit:	Etwa 50 Minuten.

Gefüllter Kranz

(Abb. S. 28)

	Für den Teig
500 g Weizenmehl	in eine Schüssel sieben, mit
1 Päckchen Trocken-Hefe	sorgfältig vermischen
100 g Zucker Salz 1 Ei 125 g zerlassene, lauwarme Butter knapp 200 ml ($\frac{1}{5}$ l) lauwarme Milch	hinzufügen, alles mit einem elektrischen Handrührgerät mit Knethaken zuerst auf der niedrigsten, dann auf der höchsten Stufe in etwa 5 Minuten zu einem Teig verarbeiten den Teig an einem warmen Ort so lange stehenlassen, bis er etwa doppelt so hoch ist, ihn dann auf der höchsten Stufe nochmals gut durchkneten, zu einem Rechteck von 40 x 50 cm ausrollen, mit
50 g weicher Butter	bestreichen, in der Mitte der Länge nach durchschneiden
	für die Füllung
75 g Korinthen 125 g Rosinen	verlesen, mit
50 g gewürfeltem Zitronat (Sukkade) 50 g abgezogenen, gehackten Mandeln 50 g Zucker 1 Päckchen Vanillin-Zucker	mischen, so auf die Teigstücke streuen, daß an der durchgeschnittenen Seite je 2 cm frei bleiben, jede Teighälfte von der längeren Seite her von außen nach innen aufrollen, die Rollen umeinanderschlingen, als Kranz auf ein gefettetes Backblech legen, mit
Dosenmilch	bestreichen, die aufliegenden Rollen mit einem in Wasser getauchten Messer etwa 1 cm tief einschneiden den Kranz nochmals so lange an einem warmen Ort stehenlassen, bis er etwa um die Hälfte höher ist, erst dann in den vorgeheizten Backofen schieben
Strom:	175 – 200
Gas:	3 – 4
Backzeit:	25 – 35 Minuten
	für den Guß
50 g Puderzucker	sieben, mit
etwa 1 Eßl. heißem Wasser	glattrühren, so daß eine dickflüssige Masse entsteht den Kranz sofort nach dem Backen damit bestreichen.

Honig-Sirup-Gebäcke

Liegnitzer Bomben

	Falls keine Backringe vorhanden sind, lassen sich Backförmchen für „Liegnitzer“ auf einfache Weise herstellen: Alufolie so legen, daß 12mal ein 15 cm langes Stück Folie aufeinanderliegt, auf das oberste Stück Folie 2 Kreise von jeweils 15 cm Durchmesser nebeneinander aufzeichnen, so ausschneiden, daß 24 runde Folienblätter entstehen, diese Folienblätter einzeln mit der blanken Seite auf den Boden eines umgedrehten Bechers (z. B. Joghurtbecher) legen, die überstehende Folie fest andrücken, so daß Förmchen mit einem gleichmäßig hohen Rand entstehen
	für den Teig
200 g Honig	mit
125 g Zucker	
65 g Butter	
2 Eßl. Milch	langsam erwärmen, zerlassen, in eine Rührschüssel geben, kalt stellen, unter die fast erkaltete Masse
2 Eier	
¼ Fläschchen Backöl Zitrone	
etwas gemahlenen Kardamom	
½ gestrichenen Teel. gemahlene Nelken	
1 gestr. Teel. gemahlenen Zimt	rühren
250 g Weizenmehl	mit
25 g Kakao	
9 g (3 gestrichene Teel.) Backpulver	mischen, sieben, eßlöffelweise unterrühren
65 g Korinthen	verlesen, mit
65 g abgezogenen, gehackten Mandeln	
65 g gewürfeltem Zitronat (Sukkade)	unter den Teig heben, ihn eßlöffelweise in die gefetteten Folienförmchen verteilen, auf Backbleche stellen
Strom:	175 – 200 (vorgeheizt), **Gas:** 3 – 4 (nicht vorgeheizt)
Backzeit:	10 – 15 Minuten
	sofort nach dem Backen das Gebäck aus den Förmchen lösen, erkalten lassen
175 g Konfitüre	durch ein Sieb streichen, mit
2 Eßl. Wasser	aufkochen, das erkaltete Gebäck dünn damit bestreichen
	für den Guß
etwa 200 g Kuvertüre	in einem kleinen Topf im Wasserbad bei schwacher Hitze zu einer geschmeidigen Masse verrühren, die „Liegnitzer“ damit überziehen.

Quarkstollen,
Rezept S. 180

Glasierter Honigkuchen

	Für den Teig
500 g Honig	mit
75 g Zucker	
1 Päckchen Vanillin-Zucker	
100 g Butter	
1 Teel. Instant-Kaffee	
2 Eßl. Milch	langsam erwärmen, zerlassen, in eine Rührschüssel geben, kalt stellen unter die fast erkaltete Masse nach und nach
2 Eier, Salz	
1 gestrichenen Eßl. gemahlenen Zimt	
½ gestrichenen Teel. gemahlene Nelken	
½ gestrichenen Teel. gemahlenen Ingwer	
½ gestrichenen Teel. gemahlenen Kardamom	
2 Tropfen Backöl Bittermandel	rühren
500 g Weizenmehl	mit
1 Päckchen Backpulver Backin	mischen, sieben, eßlöffelweise unterrühren
100 g gehackte Haselnußkerne	
50 g feingewürfeltes Zitronat (Sukkade)	zuletzt unter den Teig heben den Teig etwa 1 cm dick auf ein gefettetes Backblech streichen, vor den Teig ein mehrfach umgeknicktes, gefettetes Stück Pergamentpapier legen den Teig so mit
50 g abgezogenen, halbierten Mandeln	belegen, daß sich nach dem Backen Quadrate von etwa 8 x 8 cm schneiden lassen, das Backblech in den vorgeheizten Backofen schieben
Strom:	175 – 200
Gas:	3 – 4
Backzeit:	25 – 30 Minuten
	zum Bestreichen in einem kleinen Topf
50 g Zucker	
2 Eßl. Wasser	unter Rühren kurz aufkochen lassen, das noch heiße Gebäck damit bestreichen.

Gefüllter Kranz, Rezept S. 24

Honigkuchen

250 g Honig	mit
100 g Butter oder Margarine	langsam erwärmen, zerlassen, in eine Rührschüssel geben, kalt stellen, unter die fast erkaltete Masse
10 g Back-Kakao 2 gestrichene Teel. gemahlenen Zimt 2 gestrichene Teel. gemahlenen Ingwer 1½ Teel. gemahlene Nelken Salz 50 g gestoßenen braunen Kandiszucker (Grümmel) 50 g feingewürfeltes Zitronat (Sukkade) 2 Eier 2 Eßl. Weinbrand einige Tropfen Backöl Zitrone	rühren
200 g Weizenmehl 6 g (2 gestrichene Teel.) Backpulver Backin	mischen, sieben, eßlöffelweise unterrühren den Teig in eine mit Pergamentpapier ausgelegte, gefettete Kastenform (30 x 11 cm) füllen
Strom:	175 – 200 (vorgeheizt)
Gas:	3 – 4 (nicht vorgeheizt)
Backzeit:	Etwa 60 Minuten.

Lebkuchensterne

	Für den Teig
125 g Honig	mit
200 g Zucker 1 Päckchen Vanillin-Zucker 150 g Butter oder Margarine 4 Eßl. Milch	langsam erwärmen, zerlassen, in eine Rührschüssel geben, kalt stellen unter die fast erkaltete Masse
3 Tropfen Backöl Bittermandel 1 gestrichenen Teel. gemahlenen Zimt	rühren

400 g Weizenmehl	
2 gestr. Eßl. Kakao	
100 g Speisestärke	
1 Päckchen	
Backpulver Backin	mischen, sieben, ⅔ davon eßlöffelweise unterrühren, den Rest unterkneten
	sollte der Teig kleben, noch etwas Mehl hinzugeben
	den Teig etwa ½ cm dick ausrollen, Sterne ausstechen, auf ein gefettetes Backblech legen
	zum Aufhängen jeweils in einer Sternspitze ein kleines Loch ausstechen, in den vorgeheizten Backofen schieben
Strom:	175 – 200
Gas:	3 – 4
Backzeit:	10 – 15 Minuten
	zum Verzieren
200 g Zitronen-Glasur	mit
etwa 2 Eßl. Wasser	zu einer spritzfähigen Masse verrühren, mit
Lebensmittelfarbe	färben
	mit Hilfe eines Pergamentpapiertütchens die Sterne mit dem Guß verzieren.

Braune Weihnachtskuchen

250 g Honig	mit
125 g Zucker	
Salz, 65 g Butter	
65 g Schweineschmalz	
1 Eßl. Milch	langsam erwärmen, zerlassen, in eine Rührschüsel geben, kalt stellen, unter die fast erkaltete Masse
5 Tropfen	
Backöl Zitrone	
1 gestrichenen Teel.	
gemahlenen Kardamom	
1 gestrichenen Teel.	
gemahlenen Zimt	rühren
500 g Weizenmehl	mit
9 g (3 gestrichene Teel.)	
Backpulver Backin	mischen, sieben, ⅔ davon eßlöffelweise unterrühren, den Rest des Mehls mit
30 g gemahlenen	
Haselnußkernen	unter den Teigbrei kneten, sollte er kleben, noch etwas Mehl hinzugeben, den Teig dünn ausrollen, zu rechteckigen oder runden Plätzchen ausstechen, auf ein gefettetes Backblech legen, dünn mit
Dosenmilch	bestreichen, in den vorgeheizten Backofen schieben
Strom:	175 – 200
Gas:	3 – 4
Backzeit:	Etwa 10 Minuten.

Würziger Honigkuchen

	Für den Teig
175 g Honig	kurz aufkochen lassen, kalt stellen
200 g Zucker	mit
1 Päckchen Vanillin-Zucker, 3 Eiern	
1 gut gehäuften Teel. gemahlenem Zimt	
1 Messerspitze gemahlenen Nelken	
abgeriebener Schale von ½ Zitrone (unbehandelt)	nach und nach unterrühren
500 g Weizenmehl	mit
1 Päckchen Backpulver	mischen, sieben, eßlöffelweise unterrühren den Teig auf ein gefettetes Backblech geben, leicht mit Mehl bestäuben, etwa 1 cm dick ausrollen, in Abständen so mit
etwa 100 g geviertelten Walnußkernen	belegen, daß sich nach dem Schneiden die Nüsse in der Mitte der einzelnen Stücke befinden (Größe nach Belieben)
Strom:	175 – 200
Gas:	5 Minuten vorheizen 3 – 4, backen 3 – 4
Backzeit:	15 – 20 Minuten
	für den Guß
50 g Zucker	mit
2 Eßl. Wasser	zum Kochen bringen, unter ständigem Rühren etwa 1 Minute kochen lassen das noch warme Gebäck mit dem Guß bestreichen nach dem Erkalten in Stücke schneiden.

Honigkranz

250 g Honig	mit
1 Päckchen Vanillin-Zucker	
150 g Butter oder Margarine	langsam erwärmen, zerlassen, kalt stellen unter die fast erkaltete Masse nach und nach
2 Eier	
3 Eßl. Aprikosen-Konfitüre	
2 gestrichene Teel. gemahlenen Zimt	
je 1 Messerspitze gemahlene Nelken, gemahlenen Kardamom	

2 Tropfen Backöl Bittermandel	
1 Fläschchen Rum-Aroma	rühren
375 g Weizenmehl	mit
2 gestr. Eßl. Kakao	
12 g (4 gestrichene Teel.) Backpulver Backin	mischen, sieben, eßlöffelweise unterrühren
100 g abgezogene, gehackte Mandeln	
125 g verlesene Korinthen	zuletzt unterrühren den Teig in eine gefettete Kranzform (Durchmesser etwa 24 cm) füllen
Strom:	175 – 200 (vorgeheizt), **Gas:** 3 – 4 (nicht vorgeheizt)
Backzeit:	Etwa 40 Minuten.

Honigplätzchen

	Für den Teig
125 g Honig	mit
200 g Zucker	
4 Eßl. Milch	
100 g Butter	langsam erwärmen, zerlassen, in eine Rührschüssel geben, kalt stellen, unter die fast erkaltete Masse
1 Päck. Vanillin-Zucker	
3 Tropfen Backöl Bittermandel	
1 gestrichenen Teel. gemahlenen Zimt	rühren
400 g Weizenmehl	mit
20 g Kakao	
100 g Speisestärke	
1 Päckchen Backpulver	mischen, sieben, ⅔ davon eßlöffelweise unterrühren, den Rest des Mehls mit
75 g abgezogenen, gehackten Mandeln	unter den Teigbrei kneten, sollte er kleben, noch etwas Mehl hinzugeben, den Teig etwa ½ cm dick ausrollen, mit einer runden Form (Durchmesser etwa 8 cm) ausstechen, auf ein gefettetes Backblech legen *zum Bestreichen*
1 schwach gehäuften Teel. Kartoffelmehl	mit
6 Eßl. kaltem Wasser	anrühren, zum Kochen bringen, kurz aufkochen, abkühlen lassen, die Plätzchen dünn damit bestreichen
100 – 125 g Mandeln	abziehen, halbieren, die Plätzchen damit garnieren, in den vorgeheizten Backofen schieben
Strom:	175 – 200, **Gas:** 2 – 3
Backzeit:	Etwa 20 Minuten.

Nußprinten

Etwa 200 g enthäutete Haselnußkerne	halbieren
	für den Teig
125 g Sirup (Rübenkraut)	mit
50 g Zucker, 50 g Butter	
2 Eßl. Milch	langsam erwärmen, zerlassen, kalt stellen
50 g braunen Kandiszucker	in kleine Stücke schlagen, mit
3 Tropfen Backöl Zitrone	
je ½ gestrichenen Teel. gemahlenem Anis, gemahlenen Nelken, gemahlenem Zimt	unter die fast erkaltete Masse rühren
250 g Weizenmehl	
9 g (3 gestrichene Teel.) Backpulver Backin	mischen, sieben, ⅔ davon eßlöffelweise unterrühren, den Rest des Mehls unter den Teigbrei kneten, sollte er kleben, ihn eine Zeitlang kalt stellen den Teig etwa ½ cm dick ausrollen, Rechtecke von etwa 2½ x 7 cm daraus schneiden, auf ein gefettetes Backblech legen, die Haselnußhälften dicht auf die Teigstücke legen
Strom:	175 – 200
Gas:	5 Minuten vorheizen 3 – 4, backen 3 – 4
Backzeit:	Etwa 10 Minuten
	für den Guß
150 – 200 g Kuvertüre	in einem kleinen Topf im Wasserbad bei schwacher Hitze glattrühren, die erkalteten Printen damit überziehen.

Honigkranz „Liegnitzer Art"

400 g Honig	mit
250 g Zucker	
1 Päck. Vanillin-Zucker	
150 g Butter	
6 Eßl. Milch	langsam erwärmen, zerlassen, kalt stellen unter die fast erkaltete Masse nach und nach
3 Eier	
1 Fläschchen Rum-Aroma	
3 Tropfen Backöl Bittermandel	
1 Teel. gemahlenen Zimt	
½ Teel. Ingwerpulver	
je 1 Messerspitze gemahlenen Kardamom,	

gemahlene Muskatblüte, gemahlene Nelken	rühren
500 g Weizenmehl	mit
1 Päckchen Backpulver	mischen, sieben, eßlöffelweise unterrühren
150 g Walnußkerne	
150 g getrocknete Aprikosen	
150 g getrocknete Feigen	
150 g getrocknete Datteln (ohne Steine)	in kleine Stücke schneiden, zuletzt unter den Teig rühren den Teig in eine gefettete Kranzform (Durchmesser etwa 26 cm) füllen
Strom:	175 – 200 (vorgeheizt), **Gas:** 2 – 3 (nicht vorgeheizt)
Backzeit:	Etwa 75 Minuten nach Belieben das Gebäck mit
Puderzuckerguß	
halbierten Walnußkernen	verzieren.

Honigplätzchen mit Zimtguß

	Für den Teig
250 g Honig	mit
100 g Zucker	
Salz, 100 g Margarine	langsam erwärmen, zerlassen, in eine Rührschüssel geben, kalt stellen, unter die fast erkaltete Masse
2 Eßl. Milch oder Wasser	
3 Tropfen Backöl Zitrone	
je 1 gestrichenen Teel. gemahlenen Anis, gemahlene Nelken, gemahlenen Zimt	rühren
500 g Weizenmehl	mit
9 g (3 gestrichene Teel.) Backpulver Backin	
20 g Kakao	mischen, sieben, nach und nach ⅔ davon unterrühren, den Rest des Mehls darunter kneten, sollte der Teig kleben,
etwas Weizenmehl	hinzufügen den Teig dünn ausrollen, Rechtecke von 2 x 6 cm daraus rädern, auf ein gefettetes Backblech legen
Strom:	175 – 200
Gas:	5 Minuten vorheizen 3 – 4, backen 3 – 4
Backzeit:	Etwa 10 Minuten *für den Zimtguß*
175 g Puderzucker	mit
1 gestrichenen Teel. gemahlenem Zimt	mischen, sieben, mit
3 – 4 Eßl. heißem Wasser	glattrühren, so daß eine dünnflüssige Masse entsteht die erkalteten Honigplätzchen damit bestreichen.

Feiner Honigkuchen

	Für den Teig
375 g Honig	mit
125 g Zucker	
1 Päck. Vanillin-Zucker	
100 g Margarine	
100 g Schweineschmalz	langsam erwärmen, zerlassen, in eine Rührschüssel geben, kalt stellen, unter die fast erkaltete Masse
2 Eier	
3 gestrichene Teel. gemahlenen Zimt	
½ gestrichenen Teel. gemahlenen Kardamom	
½ gestrichenen Teel. gemahlene Nelken	
4 Tropfen Backöl Bittermandel	
1 Fläschchen Rum-Aroma	
abgeriebene Schale von 1 Apfelsine (unbehandelt)	rühren
500 g Weizenmehl	mit
1 Päckchen Backpulver Backin	
30 g Back-Kakao	mischen, sieben, nach und nach eßlöffelweise abwechselnd mit
knapp 125 ml (⅛ l) Milch	unterrühren
150 g Korinthen	verlesen
100 g Haselnußkerne	grob hacken
100 g Zitronat (Sukkade)	in kleine Würfel schneiden
	die Zutaten zuletzt unter den Teig heben, ihn gut 1 cm dick auf ein gefettetes Backblech streichen, vor den Teig ein mehrfach umgeknicktes Stück Alufolie legen, in den vorgeheizten Backofen schieben
Strom:	175 – 200, **Gas:** 3 – 4
Backzeit:	25 – 30 Minuten
	den Honigkuchen auf dem Backblech erkalten lassen
	für den Guß
150 g Puderzucker	mit
30 g Kakao	mischen, sieben, mit
etwa 2 Eßl. heißem Wasser	glattrühren, so daß eine dickflüssige Masse entsteht
20 g Kokosfett	zerlassen, heiß darunter rühren
	den Kuchen damit bestreichen, sofort mit einem scharfen Messer in Stücke von 6 x 6 cm schneiden.

Bunte Lebkuchenplätzchen,
Rezept S. 185

Mandel-Honig-Schnitten

	Für den Teig
300 g Weizenmehl	mit
6 g (2 gestrichene Teel.) Backpulver Backin	mischen, auf die Tischplatte sieben, in die Mitte eine Vertiefung eindrücken
100 g Zucker	
1 Päckchen Vanillin-Zucker	
einige Tropfen Backöl Zitrone	
Salz, 1 Ei	hineingeben, mit einem Teil des Mehls zu einem dicken Brei verarbeiten
125 g kalte Butter	in Stücke schneiden, auf den Brei geben, mit Mehl bedecken, von der Mitte aus alle Zutaten schnell zu einem glatten Teig verkneten, sollte er kleben, ihn eine Zeitlang kalt stellen den Teig auf einem gefetteten Backblech ausrollen, im vorgeheizten Backofen hellgelb backen
Strom:	175 – 200, **Gas:** 3 – 4
Backzeit:	Etwa 20 Minuten
	für den Belag
100 g Zucker	mit
75 g Honig	
30 g Butter	
3 Eßl. Milch	langsam erwärmen, zerlassen, kurz aufkochen lassen
2 – 3 Tropfen Backöl Bittermandel	
150 g abgezogene, gehobelte Mandeln	
60 g gehackte Haselnußkerne	
6 kleingeschnittene Belegkirschen	
30 gewürfelte Sukkade (Zitronat)	unterrühren, die Masse etwas erkalten lassen, gleichmäßig auf den Gebäckboden streichen
Strom:	175 – 200, **Gas:** 3 – 4
Backzeit:	Etwa 10 Minuten das etwas erkaltete Gebäck in kleine Quadrate schneiden
	für den Guß
200 g Puderzucker	mit
30 g Kakao	mischen, sieben, mit
4 Eßl. heißem Wasser	glattrühren, so daß eine dickflüssige Masse entsteht
30 g Kokosfett	zerlassen, unterrühren, je zwei gegenüberliegende Ecken der Mandelschnitten in den Guß tauchen.

Gewürzstern,
Rezept S. 183

Honigbrot

	Für den Teig
250 g Honig	mit
200 g Zucker	
65 g Butter	
125 ml (⅛ l) Malzbier	langsam erwärmen, zerlassen, in eine Rührschüssel geben, kalt stellen, unter die fast erkaltete Masse
je ½ gestrichenen Teel. gemahlenen Kardamom, gemahlene Nelken	
1 gestrichenen Teel. gemahlenen Zimt	
1 Ei, 1 Fläschchen Rum-Aroma	
6 Tropfen Backöl Zitrone	
3 Tropfen Backöl Bittermandel	rühren
500 g Weizenmehl	mit
1 Päckchen Backpulver	mischen, sieben, eßlöffelweise unterrühren den Teig gut 1 cm dick auf ein gefettetes Backblech streichen, einen mehrfach umgeknickten, gefetteten Streifen Alufolie vor den Teig legen, in den vorgeheizten Backofen schieben
Strom:	175 – 200, **Gas:** 3 – 4
Backzeit:	Etwa 20 Minuten
	für den Guß
100 g Puderzucker	sieben, mit
etwa 2 Eßl. heißem Wasser	glattrühren, so daß eine dickflüssige Masse entsteht, das Gebäck sofort nach dem Backen damit bestreichen, in etwa 5 x 6 cm große Stücke schneiden das erkaltete Honigbrot in einer gut schließenden Blechdose aufbewahren.

Nürnberger Lebkuchen

	Für den Teig
175 g Honig oder Sirup	mit
50 g Zucker	
2 Eßl. Speiseöl	
2 Eßl. Wasser	langsam erwärmen, zerlassen, in eine Rührschüssel geben, kalt stellen, unter die fast erkaltete Masse
1 Eigelb	
1 gehäuften Teel. Kakao	
6 Tropfen Backöl Zitrone	

1 Messerspitze gemahlenen Piment	
1 gestrichenen Teel. gemahlenen Zimt	rühren
250 g Weizenmehl	mit
9 g (3 gestrichene Teel.) Backpulver Backin	mischen, sieben, ⅔ davon eßlöffelweise unterrühren, den Rest des Mehls mit
75 g abgezogenen, gemahlenen Mandeln	
75 g gemahlenen Haselnußkernen	
50 g gewürfeltem Zitronat (Sukkade)	
75 g getrockneten Aprikosen (in Stücke geschnitten)	unter den Teigbrei kneten, gut ½ cm dick ausrollen, mit einer runden Form (Durchmesser etwa 8 cm) ausstechen oder Rechtecke von 9 x 6 cm ausrädern, auf ein gefettetes Backblech legen, in den vorgeheizten Backofen schieben
Strom:	175 – 200, **Gas:** 2 – 3
Backzeit:	15 – 20 Minuten
	für den Guß
125 g Puderzucker	sieben, mit
1 Eiweiß	verrühren, ist der Guß zu fest, noch
einige Tropfen Wasser	unterrühren, die Lebkuchen dünn damit bestreichen.

Spitzkuchen

50 g Zucker, 175 g Sirup	mit
Salz, 2 Eßl. Speiseöl	langsam erwärmen, zerlassen, in eine Rührschüssel geben, kalt stellen, unter die fast erkaltete Masse
1 gehäuften Teel. Kakao	
1 Ei, 6 Tropfen Backöl Zitrone	
1 Messerspitze gemahlenen Piment	
1 gestrichenen Teel. gemahlenen Zimt	rühren
250 g Weizenmehl	mit
9 g (3 gestrichene Teel.) Backpulver Backin	mischen, sieben, ⅔ davon eßlöffelweise unterrühren den Rest des Mehls mit
75 g abgezogenen, gehackten Mandeln	unter den Teigbrei kneten, sollte er kleben, ihn eine Zeitlang kalt stellen

Fortsetzung Seite 42

	aus dem Teig knapp 2 cm dicke Rollen in der Länge des Backblechs formen, nicht zu dicht nebeneinander auf das gefettete Backblech legen, etwas flachdrücken, im vorgeheizten Backofen hellbraun backen
Strom:	175 – 200, **Gas:** 3 – 4
Backzeit:	Etwa 12 Minuten
	die erkalteten Rollen in Dreiecke schneiden, mit
125 g heißem Johannisbeergelee	bestreichen
200 g Kuvertüre	in einem kleinen Topf im Wasserbad geschmeidig rühren, die Dreiecke damit überziehen.

Basler Leckerli

	Für den Teig
250 g Honig	mit
250 g Zucker	
Salz, 4 Eßl. Wasser	langsam erwärmen, zerlassen, kalt stellen
	unter die fast erkaltete Masse
4 Tropfen Backöl Zitrone	
1 gestrichenen Teel. gemahlenen Zimt	
½ gestrichenen Teel. gemahlene Nelken	
etwas geriebene Muskatnuß	rühren
400 g Weizenmehl	mit
6 g (2 gestrichene Teel.) Backpulver Backin	mischen, sieben, ⅔ davon eßlöffelweise unterrühren, den Rest des Mehls mit
200 g abgezogenen, gehobelten Mandeln	
100 g feingewürfeltem Zitronat und Orangeat	auf den Teigbrei geben, von der Mitte aus alle Zutaten zu einem weichen Teig verkneten
	den Teig auf einem gefetteten Backblech gut ½ cm dick ausrollen (dabei leicht mit Mehl bestäuben), in den vorgeheizten Backofen schieben
Strom:	175 – 200, **Gas:** 2 – 3
Backzeit:	Etwa 25 Minuten
	für die Glasur
75 g Zucker	mit
3 Eßl. Wasser	so lange kochen, bis die Flüssigkeit in lang nachziehenden Tropfen vom Löffel fällt
	sofort nach dem Backen das Gebäck vom Blech lösen, mit der heißen Glasur bestreichen, sofort in Rechtecke 3 × 4 cm schneiden (Glasur wird erst während des Trocknens weiß).

Kleingebäck und Wohlgeformtes

Mandelsterne

300 g Weizenmehl	mit
20 g Kakao	
3 g (1 gestrichener Teel.) Backpulver	mischen, auf die Tischplatte sieben, in die Mitte eine Vertiefung eindrücken
75 g Zucker	
1 Päckchen Vanillin-Zucker	
3 Tropfen Backöl Bittermandel	
3 Eßl. Milch	hineingeben, mit einem Teil des Mehls zu einem dicken Brei verarbeiten
175 g kalte Butter oder Margarine	in Stücke schneiden, auf den Brei geben, mit Mehl bedecken, von der Mitte aus alle Zutaten schnell zu einem glatten Teig verkneten, sollte er kleben, ihn eine Zeitlang kalt stellen den Teig etwa 3 mm dick ausrollen, Sterne ausstechen, auf ein gefettetes Backblech legen die Teigplätzchen mit
Dosenmilch	bestreichen, mit
etwa 50 g Zucker	
200 g abgezogenen, gehobelten Mandeln	bestreuen, in den vorgeheizten Backofen schieben
Strom:	175 – 200
Gas:	3 – 4
Backzeit:	10 – 15 Minuten.

Weihnachtsmänner

500 g Weizenmehl	in eine Schüssel sieben, mit
1 Päckchen Trocken-Hefe	sorgfältig vermischen
75 g Zucker	
1 Päckchen Vanillin-Zucker	
Salz	
75 g zerlassene, lauwarme Butter	
250 ml (¼ l) lauwarme Milch	hinzufügen, alles mit einem elektrischen Handrührgerät mit Knethaken zuerst auf der niedrigsten, dann auf der höchsten Stufe in etwa 5 Minuten zu einem Teig verarbeiten den Teig an einem warmen Ort so lange stehenlassen, bis er etwa doppelt so hoch ist, ihn dann auf der höchsten Stufe nochmals gut durchkneten den Teig in 4 gleich große Stücke teilen, diese zu etwa 22 cm

langen, ovalen Stücken ausrollen, Figuren daraus schneiden, je zwei auf ein gefettetes Backblech legen, die Teigstücke mit

Dosenmilch bestreichen, nach Belieben mit
Rosinen
kandierten Kirschen
oder abgezogenen
Mandeln
Sukkade garnieren (Teigreste mit verwenden)
den Teig nochmals so lange an einem warmen Ort gehen lassen, bis er etwa doppelt so hoch ist, in den vorgeheizten Backofen schieben

Strom: 200 – 225
Gas: 4 – 5
Backzeit pro Blech: 15 – 20 Minuten
nach Belieben das Gebäck sofort nach dem Backen mit
heißem
Zuckerwasser bestreichen.

Rumkränzchen

Für den Teig

100 g Margarine geschmeidig rühren, nach und nach
100 g Zucker
1 Päckchen
Vanillin-Zucker
1 Fläschchen
Rum-Aroma
1 Ei unterrühren
100 g Weizenmehl mit
3 g (1 gestrichener
Teel.) Backpulver mischen, sieben, eßlöffelweise unterrühren
200 g Haferflocken unterkneten, sollte der Teig kleben, ihn eine Zeitlang kalt stellen
den Teig dünn ausrollen, mit einer runden Form (Durchmesser etwa 6 cm) ausstechen, die Teigplätzchen mit einer kleineren Form in der Mitte so ausstechen, daß Kränzchen entstehen
diese auf ein gefettetes Backblech legen, in den vorgeheizten Backofen schieben

Strom: 175 – 200
Gas: 3 – 4
Backzeit: 10 – 15 Minuten

für den Guß

100 g gesiebten
Puderzucker mit
2 – 3 Eßl. Rum zu einer dickflüssigen Masse verrühren
die noch warmen Kränzchen damit bestreichen.

Baiser

4 Eiweiß	steif schlagen, es muß so fest sein, daß ein Messerschnitt sichtbar bleibt
200 g feinkörnigen Zucker	eßlöffelweise unterschlagen
	die Baisermasse in einen Spritzbeutel füllen, in beliebigen Formen auf ein mit Pergamentpapier belegtes Backblech spritzen oder mit 2 Teelöffeln aufsetzen
	das Gebäck darf nur leicht aufgehen und sich schwach gelblich färben
Strom:	110 – 130 (vorgeheizt)
Gas:	25 Minuten 1, 25 Minuten aus, 15 Minuten 1 (nicht vorgeheizt)
Backzeit:	70 – 100 Minuten.

Zimtsterne

(Abb. S. 47)

3 Eiweiß	steif schlagen, es muß so fest sein, daß ein Messerschnitt sichtbar bleibt
250 g Puderzucker	sieben, eßlöffelweise unterschlagen
	zum Bestreichen der Sterne 2 gut gehäufte Eßl. Eierschnee abnehmen, unter den übrigen Eierschnee
1 Päck. Vanillin-Zucker	
3 Tropfen Backöl Bittermandel	
1 gestrichenen Teel. gemahlenen Zimt	und die Hälfte von
275 – 325 g gemahlenen Mandeln*	rühren
	von dem Rest der Mandeln so viel unterkneten, daß der Teig kaum noch klebt, auf einer mit
gemahlenen Mandeln	bestreuten Tischplatte etwa ½ cm dick ausrollen, Sterne ausstechen, auf ein mit Pergamentpapier belegtes Backblech legen, mit dem zurückgelassenen Eierschnee bestreichen, der Guß muß so sein, daß er sich glatt auf das Gebäck streichen läßt, evtl. etwas Wasser unterrühren
Strom:	130 – 150 (vorgeheizt), **Gas:** 1 – 2 (nicht vorgeheizt)
Backzeit:	20 – 30 Minuten
	das Gebäck muß sich beim Herausnehmen noch etwas weich anfühlen, die Zimtsterne am besten in Kartons aufbewahren.

* die erforderliche Menge hängt von der Größe der Eier ab.

Zitronenherzen, Rezept S. 49

TLE
TD.

Kokosmakronen

200 g Kokosraspel	auf einem Backblech leicht rösten, erkalten lassen
4 Eiweiß	steif schlagen, es muß so fest sein, daß ein Messerschnitt sichtbar bleibt, nach und nach
200 g Zucker	
1 Messerspitze gemahlenen Zimt	
2 Tropfen Backöl Bittermandel	unterschlagen, die Kokosraspel vorsichtig unter den Eierschnee heben (nicht rühren) von dem Teig mit 2 Teelöffeln Häufchen auf ein gefettetes Backblech setzen
Strom:	130 – 150 (vorgeheizt), **Gas:** 1 – 2 (nicht vorgeheizt)
Backzeit:	20 – 25 Minuten.

Zitronenherzen

(Abb. S. 47)

	Für den Teig
3 Eigelb	mit
120 g Zucker	
1 Päck. Vanillin-Zucker	so lange schlagen, bis eine cremeartige Masse entstanden ist
3 Tropfen Backöl Zitrone	
1 Messerspitze Backpulver Backin	und so viel von
200 – 250 g abgezogenen, gemahlenen Mandeln*	unterrühren, daß ein fester Brei entsteht von dem Rest der Mandeln so viel unterkneten, daß der Teig kaum noch klebt, ihn auf einer mit
abgezogenen, gemahlenen Mandeln	bestreuten Tischplatte etwa ½ cm dick ausrollen, Herzen ausstechen, auf ein mit Back-Trennpapier belegtes Backblech legen
Strom:	175 – 200
Gas:	5 Minuten vorheizen 3 – 4, backen 3 – 4
Backzeit:	Etwa 10 Minuten
	für den Guß
100 g Puderzucker	sieben, mit
1 – 1½ Eßl. Zitronensaft	glattrühren, so daß eine dickflüssige Masse entsteht die Plätzchen sofort nach dem Backen damit bestreichen.

* die erforderliche Menge hängt von der Größe der Eier ab.

Haselnuß-Plätzchen, Rezept S. 181

Schneemänner

	Als Vorarbeiten für die Bodenfläche einen Karton von 25 x 30 cm schneiden, außerdem Schneemänner und für die Tannenbäume Sterne von verschiedener Größe auf Papier zeichnen und ausschneiden
	für den Teig
100 g Honig	mit
50 g Zucker	
Salz	
25 g Butter oder Margarine	
1 Eßl. Wasser	langsam erwärmen, zerlassen, in eine Rührschüssel geben, kalt stellen unter die fast erkaltete Masse
1 Ei	
½ Teel. gemahlenen Zimt	
2 Tropfen Backöl Bittermandel	rühren
250 g Weizenmehl	mit
25 g Kakao	
9 g (3 gestrichene Teel.) Backpulver Backin	mischen, sieben, ⅔ davon eßlöffelweise unterrühren den Rest des Mehls unter den Teigbrei kneten den Teig auf einem gefetteten Backblech in einer Größe von 32 x 35 cm ausrollen, in den vorgeheizten Backofen schieben
Strom:	175 – 200
Gas:	3 – 4
Backzeit:	Etwa 10 Minuten sofort nach dem Backen aus der Platte nach den Schablonen Schneemänner, Sterne (jeweils in die Mitte ein Loch stechen), „Latten“ und „Kufen“ für einen Schlitten ausschneiden aus dem übrigen Gebäck „Steine“ für den Zaun schneiden, etwa 125 g Gebäckreste für Kugeln zurücklassen
	für die Kugeln die zurückgelassenen Gebäckreste leicht zerdrücken, mit
15 g gesiebtem Puderzucker	
1 Ei	
1 – 2 Eßl. Rum oder Orangenlikör	
½ Fläschchen Rum-Aroma oder Butter-Vanille	vermengen, aus der Masse kleine Kugeln formen, in
30 g Kokosraspeln	wälzen

	für die Tannenbäume
	die Sterne mit Hilfe
langer Holzstäbchen	
Gummibonbons	abwechselnd so aufspießen, daß Tannenbäume entstehen
	zum Verzieren
100 g gesiebten	
Puderzucker	mit so viel
Eiweiß	verrühren, daß ein dickflüssiger Guß entsteht die Tannenbäume damit verzieren, die Schneemänner damit bestreichen, nach Belieben mit
Süßigkeiten	garnieren den Schlitten ebenfalls mit Guß zusammensetzen
	für den Guß
100 g gesiebten	
Puderzucker	mit so viel
Eiweiß	verrühren, daß eine dickflüssige Masse entsteht den Karton damit bestreichen, Schneemänner, Tannenbäume, Schlitten, den Zaun aus Steinen und Kugeln darauf kleben, mit
Puderzucker	bestäuben.

Nußtaler

375 g Weizenmehl	mit
125 g Speisestärke	
6 g (2 gestrichene	
Teel.) Backpulver	mischen, auf die Tischplatte sieben, in die Mitte eine Vertiefung eindrücken
250 g Zucker	
1 Päckchen	
Vanillin-Zucker	
3 Tropfen	
Backöl Bittermandel	
2 Eier	hineingeben, mit einem Teil des Mehls zu einem dicken Brei verarbeiten
250 g kalte Butter	
oder Margarine	in Stücke schneiden
250 g Haselnußkerne	vierteln, beide Zutaten auf den Brei geben, mit Mehl bedecken, von der Mitte aus alle Zutaten schnell zu einem glatten Teig verkneten, daraus gut 2½ cm dicke Rollen formen, so lange kalt stellen, bis sie hart geworden sind, mit einem scharfen Messer in ½ cm dicke Scheiben schneiden, auf ein Backblech legen, in den vorgeheizten Backofen schieben
Strom:	175 – 200
Gas:	3 – 4
Backzeit:	10 – 15 Minuten.

Weihnachts-Eisenbahn

	Für den Teig
250 g Honig	mit
50 g Zucker	
1 Päckchen Vanillin-Zucker	
100 g Butter oder Margarine	langsam erwärmen, zerlassen, in eine Rührschüssel geben, kalt stellen, unter die fast erkaltete Masse nach und nach
1 Ei	
2 gestrichene Teel. gemahlenen Zimt	
½ gestrichenen Teel. gemahlenen Kardamom	
½ gestrichenen Teel. gemahlene Nelken	
1 Fläschchen Rum-Aroma	rühren
375 g Weizenmehl	mit
9 g (3 gestrichene Teel.) Backpulver Backin	
1 gestrichenen Eßl. Kakao	mischen, sieben, nach und nach eßlöffelweise mit
5 Eßl. Milch	unterrühren
	den Teig mit einem Teigschaber in einem Rechteck von 35 x 20 cm auf ein gefettetes Backblech streichen, vor den Teig ein mehrfach umgeknicktes Stück Alufolie legen, in den vorgeheizten Backofen schieben
Strom:	175 – 200, **Gas:** 3 – 4
Backzeit:	Etwa 20 Minuten
	den Honigkuchen auf dem Backblech gut auskühlen lassen aus der erkalteten Kuchenplatte mit einem spitzen Messer die Teile der Eisenbahn ausschneiden (am besten nach Papierschablonen), dabei darauf achten, daß zum Zusammenkleben für die Lokomotive zwei Teile gleich sein müssen, das eine darum beim Ausschneiden umgekehrt aufgelegt werden muß
	für den Guß
175 g Puderzucker	sieben, mit so viel
Eiweiß	glattrühren, daß eine dickflüssige Masse entsteht, für die Wagen und Lokomotive jeweils 2 Teile mit Eiweißguß aneinanderkleben, auf die gleiche Weise die Räder aus
Schokoladengeld	und alle übrigen
Zuckersachen	ankleben
4 Schokoladenriegel (farbig eingepackt)	zusammenkleben, als Schornstein auf der Lokomotive anbringen, den Rauch aus
Watte	herstellen.

Dattelmakronen

3 Eiweiß	steif schlagen, es muß so fest sein, daß ein Messerschnitt sichtbar bleibt, nach und nach
200 g Zucker	
1 Päckchen Vanillin-Zucker	
1 Fläschchen Rum-Aroma	unterschlagen
125 g entkernte Datteln	in kleine Stücke schneiden
150 g abgezogene, gehackte Mandeln	
	beide Zutaten auf den Eierschnee geben
30 g Speisestärke	darüber sieben, vorsichtig unterheben (nicht rühren) von dem Teig mit 2 Teelöffeln Häufchen auf ein gefettetes Backblech setzen
Strom:	100 – 110 (vorgeheizt)
Gas:	1 – 2 (nicht vorgeheizt)
Backzeit:	50 – 75 Minuten.

Knusperchen

300 g Weizenmehl	mit
6 g (2 gestrichene Teel.) Backpulver Backin	mischen, auf die Tischplatte sieben, in die Mitte eine Vertiefung eindrücken
100 g Zucker	
1 Päckchen Vanillin-Zucker	
1 Fläschchen Rum-Aroma	
4 Eßl. Milch	hineingeben, mit einem Teil des Mehls zu einem dicken Brei verarbeiten
50 g kalte Butter oder Margarine	
50 g Schweineschmalz	in Stücke schneiden, auf den Brei geben, mit Mehl bedecken, von der Mitte aus alle Zutaten schnell zu einem glatten Teig verkneten, sollte er kleben, ihn eine Zeitlang kalt stellen den Teig dünn ausrollen, mit beliebigen Formen ausstechen oder ausrädern, mit
Milch oder Dosenmilch	bestreichen, mit
Zucker	bestreuen, auf ein gefettetes Backblech legen
Strom:	175 – 200
Gas:	5 Minuten vorheizen 3 – 4, backen 3 – 4
Backzeit:	8 – 10 Minuten.

Teegebäck

	Für den Teig
500 g Weizenmehl	
6 g (2 gestrichene Teel.)	
Backpulver Backin	mischen, auf die Tischplatte sieben, in die Mitte eine Vertiefung eindrücken
150 g Zucker	
1 Päckchen Vanillin-Zucker	
2 Eier	hineingeben, mit einem Teil des Mehls zu einem dicken Brei verarbeiten
250 g kalte Butter	
oder Margarine	in Stücke schneiden, auf den Brei geben, mit Mehl bedecken, von der Mitte aus alle Zutaten schnell zu einem glatten Teig verkneten, sollte er kleben, ihn eine Zeitlang kalt stellen aus diesem Teig verschiedene Plätzchen zubereiten
	für Brezeln
	aus dem Teig bleistiftdicke Rollen formen, zu Brezeln legen, mit
Milch	bestreichen, in
Zucker	drücken, auf ein Backblech legen
	für Fruchtplätzchen
	den Teig dünn ausrollen, runde Plätzchen und Ringe in gleicher Größe ausstechen, auf ein Backblech legen die erkalteten Plätzchen mit
Konfitüre	bestreichen, auf jedes einen mit
Puderzucker	bestäubten Ring legen
	für gefüllte Plätzchen
	den Teig dünn ausrollen, mit einer runden Form Plätzchen ausstechen, auf ein Backblech legen die Hälfte der erkalteten Plätzchen auf der Unterseite mit
Konfitüre oder Gelee	bestreichen, die übrigen darauf legen, mit
Puderzucker	bestäuben
	für Zucker- oder Mandelplätzchen
	den Teig dünn ausrollen, runde Plätzchen ausstechen, auf ein Backblech legen, mit
Milch	bestreichen, mit
Zucker oder abgezogenen, gehackten, gemahlenen oder gehobelten Mandeln	bestreuen
Strom:	175 – 200
Gas:	5 Minuten vorheizen 3 – 4, backen 3 – 4
Backzeit:	Für jedes Gebäck 8 – 10 Minuten.

Gefüllte Ingwerplätzchen

	Für den Teig
250 g Weizenmehl	mit
1½ g (½ gestrichener Teel.) Backpulver	mischen, auf die Tischplatte sieben, in die Mitte eine Vertiefung eindrücken
75 g Zucker 1 Päckchen Vanillin-Zucker 75 g gemahlene Mandeln oder gemahlene Haselnußkerne 3 gestrichene Eßl. gewürfelte Ingwerfrüchte 1½ gestrichenen Teel. gemahlenen Ingwer ½ gestrichenen Teel. gemahlenen Zimt 1 gestrichenen Teel. Back-Kakao 1 Ei	hineingeben, mit einem Teil des Mehls zu einem dicken Brei verarbeiten
125 g kalte Butter oder Margarine	in Stücke schneiden, auf den Brei geben, mit Mehl bedecken, von der Mitte aus alle Zutaten schnell zu einem glatten Teig verkneten, sollte er kleben, ihn eine Zeitlang kalt stellen den Teig dünn ausrollen, mit einer runden Form Plätzchen ausstechen, auf ein gefettetes Backblech legen, in den vorgeheizten Backofen schieben
Strom:	175 – 200
Gas:	3 – 4
Backzeit:	Etwa 5 Minuten die Hälfte der erkalteten Plätzchen auf der Unterseite dünn mit
2 Eßl. bitterer Orangenmarmelade (durch ein Sieb gestrichen)	bestreichen, die übrigen mit der Unterseite darauf setzen
	für den Guß
100 g Puderzucker	sieben, mit
1 – 2 Eßl. Ingwersirup 1 – 2 Eßl. Wasser	verrühren, so daß ein dickflüssiger Guß entsteht die Oberfläche der Plätzchen damit bestreichen, mit
Ingwerfruchtstückchen	garnieren.

Flana-Törtchen

	Für den Teig
250 g Weizenmehl	mit
3 g (1 gestrichener Teel.) Backpulver Backin	mischen, auf die Tischplatte sieben, in die Mitte eine Vertiefung eindrücken
50 g Zucker 1 Päckchen Vanillin-Zucker 2 Eßl. saure Sahne	hineingeben, mit einem Teil des Mehls zu einem dicken Brei verarbeiten
175 g kalte Butter oder Margarine	in Stücke schneiden, auf den Brei geben, mit Mehl bedecken, von der Mitte aus alle Zutaten schnell zu einem glatten Teig verkneten, sollte er kleben, ihn eine Zeitlang kalt stellen den Teig etwa 3 mm dick ausrollen, 40 Plätzchen (Durchmesser etwa 7 cm) ausstechen, auf ein Backblech legen, in den vorgeheizten Backofen schieben
Strom:	175 – 200
Gas:	3 – 4
Backzeit:	12 – 15 Minuten
	für die Buttercreme aus
1 Päckchen Pudding-Pulver Schokolade, z. B. Flana 50 g Zucker 4 Eßl. kalter Milch 250 ml (¼ l) Milch	nach der Vorschrift auf dem Päckchen einen Pudding zubereiten, kalt stellen, ab und zu durchrühren
	für den Guß
75 g Puderzucker 20 g Kakao	mischen, sieben, mit
etwa 1½ Eßl. heißem Wasser	glattrühren, so daß eine dickflüssige Masse entsteht
25 g Kokosfett	zerlassen, unterrühren, die Hälfte der erkalteten Plätzchen auf der Oberseite damit bestreichen
150 g Butter oder Margarine	geschmeidig rühren, den erkalteten Flana eßlöffelweise darunter geben (darauf achten, daß weder Fett noch Flana zu kalt sind, da dann die sogenannte Gerinnung eintritt)
25 g Kokosfett	zerlassen, unterrühren die nicht bestrichenen Plätzchen auf der Unterseite spiralförmig mit der Creme bespritzen, die übrigen darauf legen, mit einem Cremetupfen verzieren.

Bunte Weihnachtssterne,
Rezept S. 172

Schneehäubchen

(Abb. S. 58)

3 Eiweiß	steif schlagen, der Schnee muß so fest sein, daß ein Messerschnitt sichtbar bleibt
250 g Puderzucker	sieben, eßlöffelweise unterschlagen, zum Bestreichen der Häubchen 4 Eßl. Eierschnee abnehmen
125 g abgezogene, gemahlene Mandeln	
125 g gemahlene Haselnußkerne, leicht geröstet	unter den übrigen Eierschnee heben, die Masse bergartig auf
etwa 50 Oblaten (Durchmesser 4 cm)	streichen, sorgfältig mit dem zurückgelassenen Eierschnee bestreichen, auf ein Backblech legen, auf der unteren Schiene in den Backofen schieben
Strom:	130 – 150 (vorgeheizt)
Gas:	1 – 2 (nicht vorgeheizt)
Backzeit:	Etwa 20 Minuten.

Vanilleplätzchen

	Für den Teig
250 g Weizenmehl	mit
3 g (1 gestrichener Teel.) Backpulver	mischen, auf die Tischplatte sieben, in die Mitte eine Vertiefung eindrücken
75 g Zucker	
2 Päckchen Vanillin-Zucker	
1 Ei	hineingeben, mit einem Teil des Mehls zu einem dicken Brei verarbeiten
125 g kalte Butter	in Stücke schneiden, darauf geben, mit Mehl bedecken, von der Mitte aus alle Zutaten schnell zu einem glatten Teig verkneten, sollte der Teig kleben, ihn eine Zeitlang kalt stellen, den Teig dünn ausrollen, mit einer runden Form (Durchmesser etwa 4 cm) ausstechen, auf ein gefettetes Backblech legen, in den vorgeheizten Backofen schieben
Strom:	175 – 200, **Gas:** 3 – 4
Backzeit:	8 – 10 Minuten
	für den Guß
etwas Kuvertüre	in einem kleinen Topf im Wasserbad bei schwacher Hitze zu einer geschmeidigen Masse verrühren, die erkalteten Plätzchen auf Pergamentpapier legen, mit einem Teelöffel unregelmäßig mit der Kuvertüre besprenkeln.

Rote Nestchen,
Rezept S. 60

Marzipan-Zuckerplätzchen

	Für den Teig
200 g Marzipan-Rohmasse	
125 g Margarine	gut verrühren, nach und nach
75 g Zucker	
1 Päckchen Vanillin-Zucker	
3 Tropfen Backöl Zitrone	
1 Ei	hinzugeben
250 g Weizenmehl	mit
125 g Speisestärke	
3 g (1 gestrichener Teel.) Backpulver Backin	mischen, sieben, $\frac{2}{3}$ eßlöffelweise unterrühren, den Rest des Mehls unterkneten, sollte der Teig kleben, ihn eine Zeitlang kalt stellen den Teig dünn ausrollen, mit beliebigen Formen ausstechen, auf ein gefettetes Backblech legen, mit
Milch	bestreichen
	zum Bestreuen
etwa 125 g Zucker	
1 gestrichenen Teel. gemahlenen Zimt	mischen, die Teigplätzchen damit bestreuen, in den vorgeheizten Backofen schieben
Strom:	175 – 200
Gas:	3 – 4
Backzeit:	8 – 10 Minuten.

Rote Nestchen

(Abb. S. 58)

	Für den Teig
275 g Weizenmehl	auf die Tischplatte sieben, in die Mitte eine Vertiefung eindrücken
150 g Zucker	
1 Päckchen Vanillin-Zucker	
2 Eigelb	
2 Tropfen Backöl Bittermandel	hineingeben, mit einem Teil des Mehls zu einem dicken Brei verarbeiten
175 g kalte Butter	in Stücke schneiden, auf den Brei geben, mit Mehl bedecken, von der Mitte aus alle Zutaten schnell zu einem glatten Teig verkneten etwa $\frac{3}{4}$ des Teiges nicht zu dünn ausrollen, mit einer runden

	Form (Durchmesser etwa 4 cm) ausstechen, auf ein Backblech legen
	für den Belag
200 g Marzipan-Rohmasse	mit
2 Eiweiß	zu einer geschmeidigen Masse verrühren die Masse in einen Spritzbeutel mit gezackter Tülle füllen, als Kranz auf die Teigplätzchen spritzen in die Mitte
rote Konfitüre	geben den restlichen Teig ausrollen, zu beliebigen Formen ausstechen, auf ein Backblech legen, mit
Dosenmilch	bestreichen, mit
abgezogenen, gehobelten Mandeln	
Zucker und Zimt	bestreuen, in den vorgeheizten Backofen schieben
Strom:	175 – 200
Gas:	2 – 3
Backzeit:	12 – 20 Minuten.

Mandelecken

250 g Weizenmehl	mit
3 g (1 gestrichener Teel.) Backpulver Backin	mischen, auf die Tischplatte sieben, in die Mitte eine Vertiefung eindrücken
100 g Zucker	
1 Päckchen Vanillin-Zucker	
7 Tropfen Backöl Bittermandel	
1 Eßl. Milch	hineingeben, mit einem Teil des Mehls zu einem dicken Brei verarbeiten
200 g kalte Butter oder Margarine	in Stücke schneiden, auf den Brei geben, mit Mehl bedecken, von der Mitte aus alle Zutaten schnell zu einem glatten Teig verkneten 4 etwa 2 cm dicke Teigrollen formen, mit dem Handballen flachdrücken, so daß Teigstreifen entstehen, die etwa 3 cm breit und 1 cm hoch sind, so lange kalt stellen, bis der Teig hart geworden ist
75 g Mandeln	abziehen, halbieren die Teigstreifen in Dreiecke schneiden, auf ein Backblech legen, auf jedes eine Mandelhälfte drücken
Strom:	175 – 200
Gas:	5 Minuten vorheizen 3 – 4, backen 3 – 4
Backzeit:	10 – 20 Minuten.

Sahnebrezeln

375 g Weizenmehl	auf die Tischplatte sieben, in die Mitte eine Vertiefung eindrücken
1 schwach gehäuften Teel. Zucker 2 Päckchen Vanillin-Zucker 125 ml (⅛ l) dicke saure Sahne	hineingeben, mit einem Teil des Mehls zu einem dicken Brei verarbeiten
250 g kalte Butter oder Margarine	in Stücke schneiden, auf den Brei geben, mit Mehl bedecken, von der Mitte aus alle Zutaten schnell zu einem glatten Teig verkneten, sollte er kleben, ihn eine Zeitlang kalt stellen den Teig etwa ½ cm dick ausrollen, in Streifen von gut ½ × 22 cm schneiden, diese zu Brezeln schlingen, auf der oberen Seite mit
Dosenmilch	bestreichen
100 g Hagelzucker 50 g abgezogene, gehackte Mandeln	mischen, die Brezeln hineindrücken, mit der unteren Seite auf ein Backblech legen, im vorgeheizten Backofen goldgelb backen
Strom:	200 – 225
Gas:	4 – 5
Backzeit:	Etwa 10 Minuten.

Tiroler Plätzchen

	Für den Teig
225 g Weizenmehl	mit
3 g (1 gestrichener Teel.) Backpulver Backin	mischen, auf die Tischplatte sieben, in die Mitte eine Vertiefung eindrücken
125 g Zucker 1 Päckchen Vanillin-Zucker 1 Ei 1 Messerspitze gemahlenen Zimt	hineingeben, mit einem Teil des Mehls zu einem dicken Brei verarbeiten
125 g kalte Butter oder Margarine	in Stücke schneiden, auf den Brei geben
125 g abgezogene, gemahlene Mandeln 25 g feingewürfeltes Zitronat (Sukkade)	

25 g feingewürfeltes Orangeat	daraufgeben, mit Mehl bedecken, von der Mitte aus alle Zutaten schnell zu einem glatten Teig verkneten, sollte er kleben, ihn eine Zeitlang kalt stellen den Teig dünn ausrollen, in kleine Stücke (etwa 3 x 3 cm) rädern oder schneiden, auf ein gefettetes Backblech legen
1 Eigelb	mit
etwas Dosenmilch	verschlagen, den Teig damit bestreichen
Strom:	175 – 200
Gas:	5 Minuten vorheizen 3 – 4, backen 3 – 4
Backzeit:	Etwa 10 Minuten
	für den Guß
etwa 30 g Puderzucker	mit
etwa 1 Teel. Orangensaft oder Orangenlikör	glattrühren, so daß eine dickflüssige Masse entsteht, die Plätzchen damit verzieren, mit
feingehacktem Orangeat	bestreuen.

Linzer Bällchen

200 g Speisequark	mit
6 Eßl. Milch	
1 Ei	
125 ml (⅛ l) Speiseöl	
100 g Zucker	
1 Päckchen Vanillin-Zucker	
Salz	verrühren
400 g Weizenmehl	mit
1 Päckchen und 6 g (2 gestrichene Teel.) Backpulver Backin	mischen, sieben, gut die Hälfte eßlöffelweise unterrühren, den Rest unterkneten, den Teig etwa ½ cm dick ausrollen auf der einen Teighälfte mit einem Metallring (Durchmesser 8 – 9 cm) Kreise leicht andeuten, den Rand dieser Kreise dünn mit
Milch	bestreichen, in die Mitte
etwas Konfitüre	legen, die leere Teighälfte darüber klappen, den Teig ausstechen, die Teigränder gut zusammendrücken die Bällchen sofort schwimmend in siedendem
Ausbackfett (Speiseöl, Schweineschmalz oder Kokosfett)	auf beiden Seiten hellbraun backen, mit einem Schaumlöffel herausnehmen, zum Abtropfen auf einen Kuchenrost legen, mit
Puderzucker	bestäuben.

Frucht-Häufchen

200 g Butter oder Margarine	geschmeidig rühren, nach und nach
125 g Zucker **1 Päckchen Vanillin-Zucker** **2 Eigelb** **abgeriebene Schale von 1 Zitrone oder kleinen Orange (unbehandelt)**	hinzufügen
250 g Weizenmehl	sieben, abwechselnd eßlöffelweise mit
2 Eßl. Milch	unterrühren, zuletzt
100 g abgezogene, gestiftelte Mandeln **100 g verlesene Rosinen** **100 g feingewürfeltes Zitronat (Sukkade)** **50 g feingewürfeltes Orangeat**	unterheben, die Teighäufchen auf ein gefettetes Backblech setzen, in den vorgeheizten Backofen schieben
Strom:	175 – 200
Gas:	3 – 4
Backzeit:	15 – 20 Minuten das erkaltete Gebäck mit
Puderzucker	bestäuben.

Basler Herzen

	Für den Teig
2 Eiweiß **250 g Zucker** **1 Päckchen Vanillin-Zucker**	schaumig schlagen
2 gehäufte Teel. Kakao **2 gestrichene Teel. gemahlenen Zimt** **½ Teel. gemahlene Nelken** **½ Fläschchen Rum-Aroma** **50 g Back-Kakao** **15 g zerlassene, abgekühlte Margarine**	vorsichtig unterrühren

250 g gemahlene Mandeln	
1½ g (½ gestrichener Teel.) Backpulver Backin	mischen, unter die Eiweißmasse rühren, so daß ein fester Teig entsteht
	den Teig etwa ½ cm dick auf der bemehlten Tischplatte ausrollen, Herzen ausstechen, auf ein gefettetes Backblech legen, in den vorgeheizten Backofen schieben
Strom:	175 – 200
Gas:	3 – 4
Backzeit:	Etwa 10 Minuten
	für den Guß
200 g gesiebten Puderzucker	mit
2 – 3 Eßl. heißem Wasser	verrühren
	die Herzen nach dem Backen vorsichtig vom Backblech lösen, noch heiß mit dem Zuckerguß bestreichen.

Feine Nußplätzchen

250 g Weizenmehl	mit
3 g (1 gestrichener Teel.) Backpulver Backin	mischen, auf die Tischplatte sieben, in die Mitte eine Vertiefung eindrücken
150 g Zucker	
1 Päckchen Vanillin-Zucker	
3 Tropfen Backöl Bittermandel	
4 Eßl. Milch	hineingeben, mit einem Teil des Mehls zu einem dicken Brei verarbeiten
100 g kalte Butter oder Margarine	in Stücke schneiden
200 g gemahlene Haselnußkerne	
	beide Zutaten auf den Brei geben, mit Mehl bedecken von der Mitte aus alle Zutaten schnell zu einem glatten Teig verkneten, sollte er kleben, ihn eine Zeitlang kalt stellen den Teig in kleinen Mengen etwa 3 mm dick ausrollen, runde Plätzchen ausstechen, auf ein Backblech legen, mit
Dosenmilch	bestreichen, mit
halbierten Haselnußkernen	belegen (leicht andrücken)
Strom:	175 – 200
Gas:	5 Minuten vorheizen 3 – 4, backen 3 – 4
Backzeit:	10 – 15 Minuten.

Tatzen und Tupfen

(Abb. S. 67)

250 g Butter oder Margarine	geschmeidig rühren, nach und nach
175 g Zucker	
1 Päckchen Vanillin-Zucker	
1 Ei	unterrühren
175 g Weizenmehl	mit
175 g Speisestärke	mischen, sieben, eßlöffelweise unterrühren
75 g abgezogene, gemahlene Mandeln	unter den Teig rühren, ihn in einen Spritzbeutel (gezackte Tülle) füllen, in Form von kleinen Tatzen und Tupfen auf ein gefettetes Backblech spritzen, in den vorgeheizten Backofen schieben
Strom:	175 – 200
Gas:	3 – 4
Backzeit:	10 – 15 Minuten
	die Tupfen mit
kandierten Kirschstückchen	garnieren
100 g Kuvertüre	in einem kleinen Topf im Wasserbad zu einer geschmeidigen Masse verrühren
	¼ der Tatzen auf der glatten Seite dünn mit Kuvertüre bestreichen, mit unbestrichenen Tatzen zusammensetzen
	¼ der Tatzen auf der glatten Seite dünn mit
Konfitüre	bestreichen, ebenfalls mit unbestrichenen Tatzen zusammensetzen
	die Tatzen mit den Spitzen in Kuvertüre tauchen.

Schokoladenküchlein

3 Eiweiß	steif schlagen, eßlöffelweise
250 g feinkörnigen Zucker	
1 Päckchen Vanillin-Zucker	darunter schlagen
125 g geraspelte zartbittere Schokolade	mit
250 g abgezogenen, gehackten Mandeln	mischen, vorsichtig unter den Eierschnee heben (nicht rühren)
	den Teig in Häufchen auf ein gefettetes Backblech setzen
Strom:	130 – 150 (vorgeheizt)
Gas:	1 – 2 (nicht vorgeheizt)
Backzeit:	Etwa 25 Minuten.

Christbaum-Brezeln

100 g Butter	
oder Margarine	geschmeidig rühren, nach und nach
200 g Zucker	
1 Päckchen	
Vanillin-Zucker	
1 Ei	
1 Eiweiß	unterrühren
500 g Weizenmehl	mit
1 Päckchen	
Backpulver Backin	mischen, sieben, ⅔ davon eßlöffelweise unterrühren, den Rest des Mehls unterkneten, sollte der Teig kleben, ihn eine Zeitlang kalt stellen den Teig in kleinen Portionen zu bleistiftdicken Rollen formen, diese in etwa 20 cm lange Stücke schneiden, zu Brezeln schlingen, auf ein gefettetes Backblech legen
1 Eigelb	mit
1 Eßl. Milch	verquirlen, die Brezeln damit bestreichen, in den vorgeheizten Backofen schieben
Strom:	175 – 200
Gas:	3 – 4
Backzeit:	Etwa 15 Minuten.

Heidesand

275 g Butter	zerlassen, bräunen, kalt stellen die wieder festgewordene Butter geschmeidig rühren nach und nach
250 g Zucker	
1 Päckchen	
Vanillin-Zucker	
2 Eßl. Milch	hinzugeben, so lange rühren, bis die Masse weißschaumig geworden ist
375 g Weizenmehl	mit
3 g (1 gestrichener	
Teel.) Backpulver	mischen, sieben, ⅔ des Mehls eßlöffelweise unterrühren, den Teigbrei mit dem Rest des Mehls zu einem glatten Teig verkneten etwa 3 cm dicke Rollen daraus formen, kalt stellen, bis sie hart geworden sind von den Rollen etwa ½ cm dicke Scheiben abschneiden, auf ein Backblech legen, in den vorgeheizten Backofen schieben
Strom:	175 – 200, **Gas:** 2 – 3
Backzeit:	10 – 15 Minuten.

Orangenkuchen,
Rezept S. 184

Hobelspäne oder Räderkuchen

500 g Weizenmehl	mit
3 g (1 gestrichener Teel.) Backpulver Backin	mischen, auf die Tischplatte sieben, in die Mitte eine Vertiefung eindrücken
100 g Zucker einige Tropfen Backöl Zitrone 1 Fläschchen Rum-Aroma 3 Eier 4 Eßl. Milch oder Wasser	hineingeben, mit einem Teil des Mehls zu einem dicken Brei verarbeiten
125 g kalte Butter oder Margarine	in Stücke schneiden, auf den Brei geben, mit Mehl bedecken, von der Mitte aus alle Zutaten schnell zu einem glatten Teig verkneten den Teig dünn ausrollen, in Streifen rädern, in der Mitte einschneiden, das eine Ende einmal durchziehen, schwimmend in siedendem
Ausbackfett (Speiseöl, Schweineschmalz oder Kokosfett)	goldbraun backen, mit einem Schaumlöffel herausnehmen, auf einem Kuchenrost abtropfen lassen, mit
Puderzucker	bestäuben.

Nougatkaros

	Für den Teig
250 g Weizenmehl	mit
1½ g (½ gestrichener Teel.) Backpulver	mischen, auf die Tischplatte sieben, in die Mitte eine Vertiefung eindrücken
75 g Zucker 1 Päckchen Vanillin-Zucker 1 Ei	hineingeben, mit einem Teil des Mehls zu einem dicken Brei verarbeiten
200 g kalte Butter oder Margarine	in Stücke schneiden, mit
150 g gemahlenen, leicht gerösteten Haselnußkernen	auf den Brei geben, mit Mehl bedecken, von der Mitte aus alle

	Zutaten schnell zu einem glatten Teig verkneten, sollte er kleben, ihn eine Zeitlang kalt stellen den Teig dünn ausrollen, in Quadrate von etwa 3 × 3 cm schneiden oder rädern, auf ein Backblech legen, in den vorgeheizten Backofen schieben
Strom:	175 – 200
Gas:	3 – 4
Backzeit:	8 – 10 Minuten
	für die Füllung
200 g Nuß-Nougatmasse	in einem kleinen Topf im Wasserbad bei schwacher Hitze geschmeidig rühren die Hälfte der erkalteten Plätzchen auf der Unterseite damit bestreichen, die übrigen mit der Unterseite darauf legen
	zum Garnieren
50 – 75 g Kuvertüre	in einem kleinen Topf im Wasserbad bei schwacher Hitze zu einer geschmeidigen Masse verrühren die Plätzchen jeweils mit einer Ecke hineintauchen.

Mutzenmandeln

500 g Weizenmehl	mit
6 g (2 gestrichene Teel.) Backpulver Backin	mischen, auf die Tischplatte sieben, in die Mitte eine Vertiefung eindrücken
150 g Zucker **3 – 4 Tropfen Backöl Bittermandel** **1 Fläschchen Rum-Aroma** **3 Eier**	hineingeben, mit einem Teil des Mehls zu einem dicken Brei verarbeiten
150 g kalte Butter oder Margarine	in Stücke schneiden, auf den Brei geben, mit Mehl bedecken, von der Mitte aus alle Zutaten schnell zu einem glatten Teig verkneten, sollte er kleben, ihn eine Zeitlang kalt stellen den Teig etwa 1 cm dick ausrollen, Mutzenmandeln ausstechen, schwimmend in siedendem
Ausbackfett (Speiseöl, Schweineschmalz oder Kokosfett)	goldgelb backen, mit einem Schaumlöffel herausnehmen, auf einem Kuchenrost gut abtropfen lassen, noch heiß in
Zucker	wälzen.

Spritzgebäck

250 g Butter oder Margarine	geschmeidig rühren, nach und nach
250 g Zucker 2 Päckchen Vanillin-Zucker 3 Eigelb abgeriebene Schale von 1 Zitrone oder Apfelsine (unbehandelt)	unterrühren
500 g Weizenmehl	mit
6 g (2 gestrichene Teel.) Backpulver	mischen, sieben, nach und nach eßlöffelweise mit
gut 1 Eßl. Milch	unterrühren
	bevor das Mehl ganz untergearbeitet ist, wird der Teig sehr fest, dann den Rest des Mehls leicht unterkneten
	den Teig durch einen Fleischwolf mit Spezialvorsatz spritzen, in Stücke von beliebiger Länge schneiden, als Stangen und Kränze auf ein Backblech legen, in den vorgeheizten Backofen schieben
Strom:	175 – 200
Gas:	3 – 4
Backzeit:	Etwa 15 Minuten.
	Veränderung:
100 g Puderzucker 20 g Kakao	mischen, sieben, mit
etwa 1½ Eßl. heißem Wasser	glattrühren, so daß eine dickflüssige Masse entsteht
50 g Butter	zerlassen, heiß darunter rühren
	das Gebäck an einer der Schmalseiten mit dem Guß bestreichen oder es damit verzieren.

Friesische Pöfferchen

500 g Weizenmehl	in eine Schüssel sieben, mit
1 Päckchen Trocken-Hefe	sorgfältig vermischen
30 g Zucker 1 Päckchen Vanillin-Zucker einige Tropfen Backöl Zitrone 1 gestrichenen Teel. Salz	

100 g zerlassene, lauwarme Butter oder Margarine	
2 Eier	
250 ml (¼ l) lauwarme Milch	hinzufügen, alles mit einem elektrischen Handrührgerät mit Knethaken zuerst auf der niedrigsten, dann auf der höchsten Stufe in etwa 5 Minuten zu einem Teig verarbeiten, an einem warmen Ort so lange stehenlassen, bis er etwa doppelt so hoch ist, ihn dann auf der höchsten Stufe nochmals gut durchkneten mit 2 Teelöffeln Teigbällchen abstechen, schwimmend in siedendem
Ausbackfett (Speiseöl, Schweineschmalz oder Kokosfett)	in einer Pöfferchen-Pfanne (eiserne Pfanne mit runden Vertiefungen) oder in einem Topf hellbraun backen.
Beigabe:	Zucker und Zimt, Kompott.

Kulleraugen

250 g Weizenmehl	mit
3 g (1 gestrichener Teel.) Backpulver	mischen, auf die Tischplatte sieben, in die Mitte eine Vertiefung eindrücken
100 g Zucker	
1 Päckchen Vanillin-Zucker	
Salz	
3 Eigelb	hineingeben, mit einem Teil des Mehls zu einem dicken Brei verarbeiten
150 g kalte Margarine	in Stücke schneiden, auf den Brei geben, mit Mehl bedecken, von der Mitte aus alle Zutaten schnell zu einem glatten Teig verkneten, sollte er kleben, ihn eine Zeitlang kalt stellen aus dem Teig daumendicke Rollen formen, in so große Stücke schneiden, daß sich daraus knapp walnußgroße Kugeln formen lassen jede Kugel zuerst mit der oberen Seite in
etwas Eiweiß	tauchen, dann in
etwa 50 g abgezogene, gehackte Mandeln	drücken, mit der Teigseite auf ein Backblech legen, mit einem Holzlöffelstiel in jede Kugel eine Vertiefung drücken, mit
etwas rotem Gelee	füllen, in den vorgeheizten Backofen schieben
Strom:	175 – 200
Gas:	3 – 4
Backzeit:	Etwa 15 Minuten.

Raspeli

3 Eiweiß	steif schlagen, es muß so fest sein, daß ein Messerschnitt sichtbar bleibt, nach und nach
200 g Zucker	
1 Päckchen Vanillin-Zucker	unterschlagen
30 g Back-Kakao	auf den Eierschnee sieben
150 g Kokosraspel	darüber geben, vorsichtig unter den Eierschnee heben (nicht rühren) von dem Teig mit 2 Teelöffeln Häufchen auf ein gefettetes Backblech setzen
Strom:	130 – 150 (vorgeheizt)
Gas:	1 – 2 (nicht vorgeheizt)
Backzeit:	Etwa 25 Minuten.

Schwarz-Weiß-Gebäck

	Für den hellen Teig
250 g Weizenmehl	mit
3 g (1 gestrichener Teel.) Backpulver Backin	mischen, auf die Tischplatte sieben, in die Mitte eine Vertiefung eindrücken
150 g Zucker	
1 Päckchen Vanillin-Zucker	
1 Fläschchen Rum-Aroma oder Butter-Vanille	
1 Ei	hineingeben, mit einem Teil des Mehls zu einem dicken Brei verarbeiten
125 g kalte Butter oder Margarine	in Stücke schneiden, auf den Brei geben, mit Mehl bedecken, von der Mitte aus alle Zutaten schnell zu einem glatten Teig verkneten, sollte er kleben, ihn eine Zeitlang kalt stellen
	für den dunklen Teig
20 g Back-Kakao	mit
15 g Zucker	
1 Eßl. Milch	verrühren, unter die Hälfte des Teiges kneten die beiden Teige folgendermaßen zusammensetzen:
	für ein *Schneckenmuster* den hellen und den dunklen Teig zu gleichmäßig großen Rechtecken ausrollen, eines dünn mit
Eiweiß	bestreichen, das zweite darauf legen, ebenfalls bestreichen, fest zusammenwickeln

für ein *Schachbrettmuster* aus dem je 1 cm dick ausgerollten hellen Teig 5, aus dem dunklen Teig 4 je 1 cm breite Streifen von gleicher Länge schneiden, mit Eiweiß bestreichen, abwechselnd je drei neben- und übereinanderlegen, in dünn ausgerollten Teig wickeln

folgende Plätzchen lassen sich leichter herstellen:
aus der einen Teighälfte 3 cm dicke Rollen formen, sie mit Eiweiß bestreichen, in den übrigen ausgerollten Teig wickeln
sämtliche Teigrollen eine Zeitlang kalt stellen, in gleichmäßige Scheiben schneiden, auf ein gefettetes Backblech legen, in den vorgeheizten Backofen schieben

Strom: 175 – 200
Gas: 3 – 4
Backzeit: 10 – 15 Minuten.

Zuckersternchen

Für den Teig

250 g Weizenmehl mit
3 g (1 gestrichener Teel.) Backpulver Backin mischen, auf die Tischplatte sieben, in die Mitte eine Vertiefung eindrücken

50 g Zucker
1 Päckchen Vanillin-Zucker
Salz
5 Tropfen Backöl Zitrone
1 Eigelb
3 Eßl. Milch hineingeben, mit einem Teil des Mehls zu einem dicken Brei verarbeiten

100 g kalte Butter oder Margarine in Stücke schneiden, auf den Brei geben, mit Mehl bedecken, von der Mitte aus alle Zutaten schnell zu einem glatten Teig verkneten, sollte er kleben, ihn eine Zeitlang kalt stellen
den Teig dünn ausrollen, Sternchen ausstechen, auf ein gefettetes Backblech legen

Strom: 175 – 200
Gas: 5 Minuten vorheizen 3 – 4, backen 3 – 4
Backzeit: 5 – 10 Minuten

für den Guß

150 g Puderzucker sieben, mit
1 Eiweiß
1 Eßl. Zitronensaft
etwas heißem Wasser glattrühren
die erkalteten Sternchen damit bestreichen.

Mandelstäbchen

100 g gewürfeltes Orangeat (Sukkade)	fein hacken, mit
100 g abgezogenen, gemahlenen Mandeln	
50 g Puderzucker	
1 Eiweiß	
2 Tropfen Backöl Bittermandel	in einem Topf unter Rühren so lange erhitzen, bis die Masse glänzend ist, abkühlen lassen
Puderzucker	auf die Tischplatte sieben, darauf aus der Masse 2 – 3 Rollen formen, von den Rollen gleichmäßige Stücke abschneiden, diese zu etwa 5 cm langen, bleistiftdünnen Stäbchen formen
	für den Guß
30 g Kuvertüre	mit
etwas Kokosfett	in einem kleinen Topf im Wasserbad bei schwacher Hitze zu einer geschmeidigen Masse verrühren, die Enden der Stäbchen hineintauchen, auf Pergamentpapier trocknen lassen.

Zimt-Taler

300 g Weizenmehl	mit
3 g (1 gestrichener Teel.) Backpulver Backin	mischen, auf die Tischplatte sieben, in die Mitte eine Vertiefung eindrücken
75 g Puderzucker	
1 Ei, Salz	
1 gehäuften Teel. gemahlenen Zimt	hineingeben, mit einem Teil des Mehls zu einem dicken Brei verarbeiten
200 g kalte Butter	in Stücke schneiden, auf den Brei geben
100 g gemahlene, geröstete Haselnußkerne	daraufgeben, von der Mitte aus alle Zutaten schnell zu einem glatten Teig verkneten, sollte er kleben, ihn eine Zeitlang kalt stellen den Teig etwa 3 mm dick ausrollen, mit einer runden Form (Durchmesser etwa 4 cm) Plätzchen ausstechen, auf ein gefettetes Backblech legen
Strom:	175 – 200
Gas:	5 Minuten vorheizen 3 – 4, backen 3 – 4
Backzeit:	Etwa 10 Minuten.

„Mailänderli“, Rezept S. 172

Busserl

2 Eiweiß	steif schlagen, der Schnee muß so fest sein, daß ein Messerschnitt sichtbar bleibt, nach und nach
100 g feinkörnigen Zucker	unterschlagen
1 gestrichenen Eßl. Kakao	sieben, mit
50 g zartbitterer feingeschnittener Schokolade	vorsichtig unterheben, mit 2 Teelöffeln walnußgroße Häufchen auf ein gefettetes Backblech setzen
Strom:	130 – 150 (vorgeheizt)
Gas:	1 – 2 (nicht vorgeheizt)
Backzeit:	25 – 35 Minuten.

Spekulatius

(Abb. S. 78)

500 g Weizenmehl	mit
6 g (2 gestrichene Teel.) Backpulver	mischen, auf die Tischplatte sieben, in die Mitte eine Vertiefung eindrücken
250 g Zucker	
1 Päck. Vanillin-Zucker	
2 Tropfen Backöl Bittermandel	
2 Msp. gemahlenen Kardamom	
2 Messerspitzen gemahlene Nelken	
1 gestrichenen Teel. gemahlenen Zimt	
2 Eier	hineingeben, mit einem Teil des Mehls zu einem dicken Brei verarbeiten
200 g kalte Butter	in Stücke schneiden, auf den Brei geben
100 g abgezogene, gemahlene Mandeln	darüber streuen, mit Mehl bedecken, von der Mitte aus alle Zutaten schnell zu einem glatten Teig verkneten, sollte er kleben, ihn eine Zeitlang kalt stellen den Teig dünn ausrollen, mit beliebigen Formen (vor allem Tierformen) ausstechen, auf ein gefettetes Backblech legen werden Holzmodel benutzt, den Teig in den gut bemehlten Model drücken, den überstehenden Teig abschneiden, die Spekulatiusstücke aus dem Model schlagen, das Backblech in den vorgeheizten Backofen schieben
Strom:	175 – 200, **Gas:** 3 – 4
Backzeit:	Etwa 10 Minuten.

Zimt-Zucker-Plätzchen

	Für den Teig
250 g Weizenmehl	mit
50 g Speisestärke	
3 g (1 gestrichener Teel.) Backpulver Backin	mischen, auf die Tischplatte sieben, in die Mitte eine Vertiefung eindrücken
75 g Zucker	
1 Päckchen Vanillin-Zucker	
2 Eßl. Milch	hineingeben, mit einem Teil des Mehls zu einem dicken Brei verarbeiten
175 g kalte Butter oder Margarine	in Stücke schneiden, auf den Brei geben, mit Mehl bedecken, von der Mitte aus alle Zutaten schnell zu einem glatten Teig verkneten, sollte er kleben, ihn eine Zeitlang kalt stellen gut die Hälfte des Teiges knapp 3 mm dick ausrollen, mit einer runden Form (Durchmesser etwa 4 cm) Plätzchen ausstechen, auf ein gefettetes Backblech legen
1 Ei	verschlagen, die Teigplätzchen dünn damit bestreichen
25 g Zucker	mit
1 Messerspitze gemahlenem Zimt	mischen, auf die Teigplätzchen streuen den Rest des Teiges ebenfalls knapp 3 mm dick ausrollen, mit der gleichen Plätzchenform ausstechen diese Teigplätzchen mit einer kleineren Form (Durchmesser etwa 1½ cm) so ausstechen, daß Ringe entstehen jeweils einen Ring auf die bestreuten Plätzchen legen, mit verschlagenem Ei bestreichen, mit
etwa 50 g Hagelzucker	bestreuen
Strom:	175 – 200
Gas:	5 Minuten vorheizen 3 – 4, backen 3 – 4
Backzeit:	Etwa 10 Minuten.

Doppelt gefüllte Mürbchen

	Für den Teig
325 g Weizenmehl	mit
3 g (1 gestrichener Teel.) Backpulver	mischen, auf die Tischplatte sieben, in die Mitte eine Vertiefung eindrücken
100 g Zucker	
1 Päckchen Vanillin-Zucker	
1 Ei	hineingeben, mit einem Teil des Mehls zu einem dicken Brei verarbeiten

200 g kalte Butter	in Stücke schneiden, darauf geben, mit Mehl bedecken, von der Mitte aus alle Zutaten schnell zu einem glatten Teig verkneten, sollte er kleben, ihn eine Zeitlang kalt stellen den Teig dünn ausrollen, mit einer runden, gezackten Form (Durchmesser etwa 4 cm) Plätzchen ausstechen, die Hälfte davon noch einmal ausstechen (Durchmesser etwa 1 cm), so daß Ringe entstehen, Plätzchen und Ringe auf ein Backblech legen, in den vorgeheizten Backofen schieben
Strom:	175 – 200
Gas:	3 – 4
Backzeit:	8 – 10 Minuten die erkalteten Plätzchen auf der Unterseite mit
Ananas- oder Aprikosen-Konfitüre (durch ein Sieb gestrichen)	bestreichen, die Ringe mit der Unterseite darauf legen
	für die Füllung
75 g zartbittere Schokolade	in Stücke brechen, mit
etwas Kokosfett	in einem kleinen Topf im Wasserbad bei schwacher Hitze zu einer geschmeidigen Masse verrühren, die Plätzchen in der Mitte damit füllen.

Walnußplätzchen

100 g Butter oder Margarine	geschmeidig rühren, nach und nach
100 g Zucker 1 Päckchen Vanillin-Zucker 4 Eßl. Milch	hinzugeben
200 g Weizenmehl	mit
3 g (1 gestr. Teel.) Backpulver Backin	mischen, sieben, zwei Drittel davon eßlöffelweise unterrühren, den Rest des Mehls mit
50 g kleingeschnittener Blockschokolade 50 g gehackten Walnußkernen	unterkneten, sollte der Teig kleben, ihn eine Zeitlang kalt stellen, gut haselnußgroße Kugeln formen, leicht flachdrücken, auf ein gefettetes Backblech legen, in den vorgeheizten Backofen schieben
Strom:	175 – 200
Gas:	3 – 4
Backzeit:	Etwa 10 Minuten
100 g halbbittere Kuvertüre	in einem kleinen Topf im Wasserbad glattrühren, die erkalteten Plätzchen knapp zur Hälfte hineintauchen.

Kirschrosetten

300 g Weizenmehl	auf die Tischplatte sieben, in die Mitte eine Vertiefung eindrücken
100 g gesiebten Puderzucker 2 Päckchen Vanillin-Zucker 2 Eigelb Salz abgeriebene Schale von 1 Zitrone oder kleinen Orange (unbehandelt)	hineingeben, mit einem Teil des Mehls zu einem dicken Brei verarbeiten
200 g kalte Butter oder Margarine	in Stücke schneiden, auf den Brei geben, mit Mehl bedecken, von der Mitte aus alle Zutaten schnell zu einem glatten Teig verkneten, sollte er kleben, ihn eine Zeitlang kalt stellen den Teig etwa 3 mm dick ausrollen, mit einer rosettenartigen Form ausstechen, auf ein Backblech legen, mit
Dosenmilch	bestreichen
Belegkirschen	halbieren, jeweils eine Hälfte in die Mitte legen, in den vorgeheizten Backofen schieben
Strom:	175 – 200
Gas:	3 – 4
Backzeit:	Etwa 10 Minuten.

Nuß-Marzipantaler

	Für den Teig
150 g Weizenmehl	mit
1½ g (½ gestrichener Teel.) Backpulver Backin	mischen, auf die Tischplatte sieben, in die Mitte eine Vertiefung eindrücken
75 g Zucker 1 Päckchen Vanillin-Zucker 2 Eßl. Wasser	hineingeben, mit einem Teil des Mehls zu einem dicken Brei verarbeiten
125 g kalte Butter oder Margarine	in Stücke schneiden, auf den Brei geben, mit
150 g gemahlenen Haselnußkernen	bedecken, von der Mitte aus alle Zutaten schnell zu einem glatten Teig verkneten, sollte er kleben, ihn eine Zeitlang kalt stellen den Teig etwa 2 mm dick ausrollen, mit einer runden Form

	(Durchmesser etwa 4 cm) ausstechen, auf ein Backblech legen, in den vorgeheizten Backofen schieben
Strom:	175 – 200
Gas:	3 – 4
Backzeit:	8 – 10 Minuten
	für den Belag
200 g Marzipan-Rohmasse	mit
100 g gesiebtem Puderzucker	gut verkneten, dünn auf
gesiebtem Puderzucker	ausrollen, Plätzchen in der Größe der Teigplätzchen ausstechen, die Teigplätzchen nach dem Erkalten dünn mit
rotem Johannisbeergelee	bestreichen, die Marzipan-Plätzchen darauf setzen
	für den Guß
75 g Puderzucker	sieben, mit
2 Eßl. Rum oder Zitronensaft	zu einer dünnflüssigen Masse verrühren die Oberfläche der Plätzchen dünn mit dem Guß bestreichen, mit
feingehackten Haselnußkernen, Pistazienkernen oder kandierten Kirschenhälften	garnieren.

Haselnußmakronen

4 Eiweiß	steif schlagen, es muß so fest sein, daß ein Messerschnitt sichtbar bleibt, nach und nach
200 g feinkörnigen Zucker 1 Messerspitze gemahlenen Zimt 4 Tropfen Backöl Bittermandel	unterschlagen
200 g Haselnußkerne	in Scheiben schneiden
150 g gemahlene Haselnußkerne	
	beide Zutaten vorsichtig unter den Eierschnee heben (nicht rühren) von dem Teig mit 2 Teelöffeln Häufchen auf ein gefettetes Backblech setzen
Strom:	130 – 150 (vorgeheizt)
Gas:	1 – 2 (nicht vorgeheizt)
Backzeit:	20 – 25 Minuten.

Nußsterne

	Für den Teig
150 g Weizenmehl	mit
1 Messerspitze Backpulver Backin	mischen, auf die Tischplatte sieben, in die Mitte eine Vertiefung eindrücken
150 g Zucker	
1 Päckchen Vanillin-Zucker	hineingeben
150 g kalte Butter oder Margarine	in Stücke schneiden, mit
150 g gemahlenen Haselnußkernen	darauf geben, mit Mehl bedecken, von der Mitte aus alle Zutaten schnell zu einem glatten Teig verkneten, sollte er kleben, ihn eine Zeitlang kalt stellen den Teig dünn ausrollen, Sterne ausstechen, auf ein gefettetes Backblech legen
Strom:	175 – 200
Gas:	5 Minuten vorheizen 3 – 4, backen 3 – 4
Backzeit:	Etwa 10 Minuten
	die Hälfte der erkalteten Plätzchen mit
3 Eßl. rotem Gelee	bestreichen, die übrigen darauflegen
	für den Guß
200 g Haselnußglasur	nach der Vorschrift auf dem Päckchen auflösen, die Plätzchen damit bestreichen, sofort mit
abgezogenen, halbierten Mandeln	
halbierten Haselnußkernen	garnieren.

Pfeffernüsse mit Guß

	Für den Teig
500 g Weizenmehl	mit
9 g (3 gestrichene Teel.) Backpulver Backin	mischen, auf die Tischplatte sieben, in die Mitte eine Vertiefung eindrücken
325 g Zucker	
½ Fläschchen Backöl Zitrone	
je 1 Messerspitze gemahlenen Ingwer, gemahlenen Kardamom, gemahlene Nelken, gemahlenen weißen Pfeffer	

1 schwach gehäuften EßI. gemahlenen Zimt
2 Eier
6 EßI. Milch oder Wasser hineingeben, mit einem Teil des Mehls zu einem dicken Brei verarbeiten
50 g Mandeln mahlen
50 g gewürfeltes Zitronat (Sukkade)
die Zutaten auf den Brei geben, mit Mehl bedecken, von der Mitte aus alle Zutaten schnell zu einem glatten Teig verkneten, sollte er kleben, noch etwas Mehl hinzugeben
den Teig gut 1 cm dick ausrollen, mit einer runden Form (Durchmesser etwa 2½ cm) ausstechen, auf ein gefettetes Backblech legen
Strom: 175 – 200
Gas: 5 Minuten vorheizen 3 – 4, backen 3 – 4
Backzeit: Etwa 15 Minuten

für den Guß
400 g Puderzucker sieben, mit
etwa 6 EßI. heißem Wasser glattrühren, so daß eine dickflüssige Masse entsteht, die erkalteten Pfeffernüsse damit überziehen
sollten sie hart sein, sie einige Tage offen an der Luft stehenlassen, dann in gut schließenden Blechdosen aufbewahren.

Wundernüßchen

2 Eiweiß steif schlagen, es muß so fest sein, daß ein Messerschnitt sichtbar bleibt, nach und nach
75 g Zucker
1 Päckchen Vanillin-Zucker unterschlagen
2 Tropfen Backöl Bittermandel hinzugeben
175 g gemahlene Haselnußkerne vorsichtig unter den Eierschnee heben (nicht rühren)
den Teig mit in Wasser getauchten Händen zu knapp walnußgroßen Kugeln formen, auf ein mit Pergamentpapier belegtes Backblech legen, mit einem in Wasser getauchten Backöl-Fläschchen in jede Kugel eine Vertiefung eindrücken
Strom: 175 – 200 (vorgeheizt)
Gas: 2 – 3 (nicht vorgeheizt)
Backzeit: Etwa 15 Minuten
die Plätzchen nach dem Erkalten sofort in einer gut schließenden Dose aufbewahren, vor dem Verzehr nach Belieben mit verschiedenen Sorten
Konfitüre oder Gelee füllen.

Knusper-Häuschen

(Abb. S. 87)

Als Vorarbeit für das Knusper-Häuschen für die Bodenfläche Karton in der Größe von 20 x 32 cm schneiden
entsprechend den Angaben Muster aus Papier in der in mm angegebenen Größe schneiden, danach auf Karton übertragen

für den Teig

100 g Honig mit
50 g Zucker
Salz, 25 g Butter langsam erwärmen, zerlassen, in eine Rührschüssel geben, kalt stellen
unter die fast erkaltete Masse
1 Ei
½ Teel. gemahlenen Zimt
2 Tropfen Backöl Bittermandel rühren
250 g Weizenmehl
9 g (3 gestrichene Teel.) Backpulver mischen, sieben, ⅔ davon eßlöffelweise unterrühren, den Rest des Mehls unter den Teigbrei kneten, sollte er kleben, noch etwas Mehl hinzugeben
den Teig auf einem gefetteten Backblech (32 x 40 cm) ausrollen, in den vorgeheizten Backofen schieben
Strom: 175 – 200
Gas: 3 – 4
Backzeit: 10 – 20 Minuten
sofort nach dem Backen aus der Honigkuchenplatte mit einem spitzen Messer zweimal die tatsächlich sichtbaren Flächen der 4 Hauswände ausschneiden (Papiermuster, dabei die zum Zusammenkleben angegebenen Teile nicht berücksichtigen)
das Dach in 2 Hälften, je 10,2 x 8,5 cm, die Bodenfläche (20 x 32 cm) schneiden

für den Guß

175 g gesiebten Puderzucker mit so viel
Eiweiß glattrühren, daß eine dickflüssige Masse entsteht (bei Bedarf nochmal die gleiche Menge anrühren, da auch alle Süßigkeiten mit Eiweiß angeklebt werden)

zum Garnieren

die Gebäckteile für die Wände auf die bereits zugeschnittenen Kartonwände kleben, diese mit Eiweißguß auf der Bodenfläche befestigen, nach Belieben mit

Fortsetzung Seite 89

bunten Zuckersachen	garnieren
	die zwei Honigkuchenplatten für das Dach auf den in der Mitte geknickten Karton kleben, mit
Schokoladen-plätzchen	garnieren
	das Dach auf dem Haus ankleben
4 Schokoladenriegel	zusammenkleben, als Kamin auf dem Dach anbringen
	den Rauch aus
Watte	herstellen, die Kanten des Daches mit
bunten Zuckersachen	bekleben, mit Eiszapfen aus Guß versehen
	für den Zaun
Zuckerstäbchen	
Zuckerkugeln	in Abständen ankleben
	nach Belieben
Märchenfiguren	hineinstellen, alles leicht mit
Puderzucker	bestäuben.

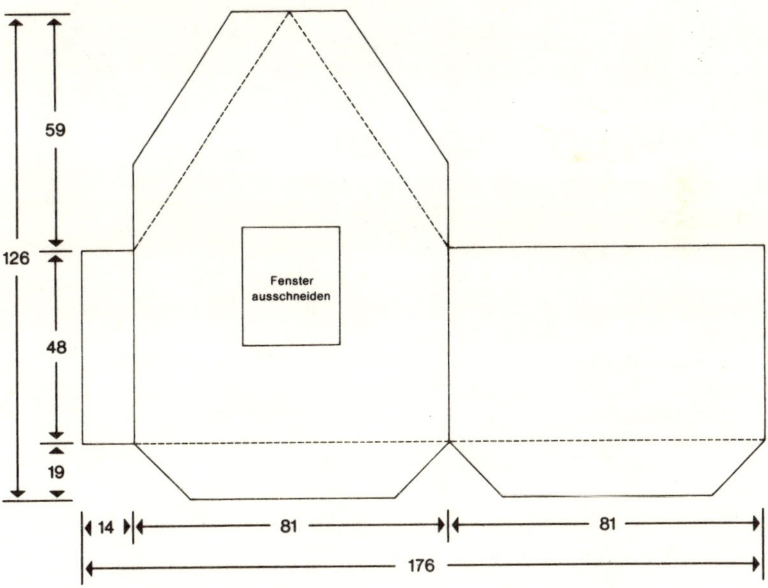

Dieses Muster für die Hauswände 2 x aus Karton schneiden, die gestrichelten Linien leicht einritzen und kniffen. Fenster ausschneiden, mit roter Blattgelatine bekleben.

Flockige Kokos-Makronen, Rezept S. 181

Rondjes

50 g Zucker	unter Rühren so lange erhitzen, bis er gebräunt ist, ihn dann auf ein geöltes Stück Alufolie geben, nach dem Erkalten den Zucker fein zerdrücken
175 g Butter	geschmeidig rühren, nach und nach
75 g Rohzucker	
1 Teel. Sirup	
1 Eßl. Wasser	hinzufügen
250 g Weizenmehl	sieben, eßlöffelweise unterrühren
	den zerdrückten Zucker unterkneten
	aus dem Teig gut haselnußgroße Kugeln formen, nicht zu dicht nebeneinander auf ein Backblech legen, flachdrücken, in den vorgeheizten Backofen schieben
Strom:	175 – 200
Gas:	3 – 4
Backzeit:	Etwa 10 Minuten
	die Plätzchen sofort nach dem Backen vom Backblech lösen, das erkaltete Gebäck in einer gut schließenden Dose aufbewahren.

Nuß-Nougatplätzchen

	Für den Teig
2 Eier	schaumig schlagen, nach und nach
200 g Zucker	
1 Päckchen Vanillin-Zucker	hinzugeben, so lange schlagen, bis eine cremeartige Masse entstanden ist
1 Messerspitze gemahlene Nelken	
1 Messerspitze gemahlene Muskatblüte	
3 Tropfen Backöl Zitrone	
50 g verlesene Rosinen	
30 g feingewürfeltes Orangeat	
30 g feingewürfeltes Zitronat (Sukkade)	
250 g gemahlene Haselnußkerne	unter die Eiercreme heben
200 g Nuß-Nougatmasse	in einem kleinen Topf im Wasserbad bei schwacher Hitze zu einer geschmeidigen Masse verrühren, unter die Haselnußmasse rühren, die Masse bergartig auf

etwa 70 Oblaten (Durchmesser 5 cm)	streichen, auf ein Backblech legen
Strom:	130 – 150 (vorgeheizt)
Gas:	1 – 2 (nicht vorgeheizt)
Backzeit:	20 – 25 Minuten
	für den Guß
250 g Puderzucker	sieben, mit
5 – 6 Eßl. Zitronensaft	zu einer dickflüssigen Masse verrühren die noch warmen Plätzchen damit bestreichen.

Gefüllter Honigkuchen

	Für den Teig
200 g Honig oder Sirup	mit
100 g Zucker	
Salz	
50 g Butter oder Margarine	
1 Eßl. Wasser	langsam erwärmen, zerlassen, in eine Rührschüssel geben, kalt stellen, unter die fast erkaltete Masse
1 Ei	
1 gestrichenen Teel. gemahlenen Zimt	
2 Tropfen Backöl Bittermandel	rühren
500 g Weizenmehl	mit
1 Päckchen Backpulver Backin	mischen, sieben, ⅔ davon eßlöffelweise unterrühren den Rest des Mehls unter den Teigbrei kneten, sollte er kleben, noch etwas Mehl hinzugeben ⅔ des Teiges auf einem gefetteten Backblech ausrollen (reicht für ¾ eines Blechs), an den Seiten etwas hochdrücken den übrigen Teig passend zu einer Decke ausrollen, mit Papier aufwickeln, beiseite legen den Teig gleichmäßig mit
etwa 375 g nicht zu süßer Konfitüre	bestreichen, die Teigdecke darauf legen, mit einer Gabel mehrmals einstechen, in den vorgeheizten Backofen schieben
Strom:	200 – 225
Gas:	3 – 4
Backzeit:	Etwa 20 Minuten
	für den Guß
100 g Puderzucker	sieben, mit
2 Eßl. Zitronensaft	glattrühren, so daß eine dickflüssige Masse entsteht, sofort nach dem Backen das Gebäck damit bestreichen, in gleichmäßige Streifen von etwa 3 x 9 cm schneiden.

Gewürzplätzchen

3 Eier	schaumig schlagen, nach und nach
200 g Zucker 1 Päckchen Vanillin-Zucker ½ Fläschchen Rum-Aroma oder Backöl Zitrone ½ gestrichenen Teel. gemahlenen Kardamom 1 gestrichenen Teel. gemahlene Nelken 1 gestrichenen Teel. gemahlenen Zimt	hinzufügen, so lange schlagen, bis eine cremeartige Masse entstanden ist (nach etwa 15 Minuten)
200 g Weizenmehl 1 Messerspitze Backpulver Backin	mischen, sieben, eßlöffelweise unterrühren den Teig dünn und gleichmäßig (knapp ½ cm) auf ein gefettetes Backblech streichen
Strom:	200 – 225
Gas:	5 Minuten vorheizen 3 – 4, backen 3 – 4
Backzeit:	Etwa 15 Minuten nach 10 Minuten Backzeit das Gebäck in Rechtecke von etwa 2½ x 6 cm schneiden, weiterbacken lassen, die gebräunten Plätzchen nach und nach vom Blech nehmen, das Gebäck darf dabei nicht abkühlen, es zerbricht sonst die Plätzchen in gut schließenden Blechdosen aufbewahren.

Johannistaler

	Für den Teig
250 g Weizenmehl	mit
6 g (2 gestrichene Teel.) Backpulver Backin	mischen, auf die Tischplatte sieben, in die Mitte eine Vertiefung eindrücken
100 g Zucker 1 Päckchen Vanillin-Zucker 1 Ei	hineingeben, mit einem Teil des Mehls zu einem dicken Brei verarbeiten
125 g kalte Butter oder Margarine	in Stücke schneiden, auf den Brei geben, mit Mehl bedecken, von der Mitte aus alle Zutaten schnell zu einem glatten Teig verkneten, sollte er kleben, ihn eine Zeitlang kalt stellen den Teig dünn ausrollen, mit einer runden Form

	(Durchmesser etwa 5 cm) Plätzchen ausstechen, die Hälfte davon nochmals ausstechen (Durchmesser 2 cm), so daß Ringe entstehen
	Plätzchen und Ringe auf ein Backblech legen, in den vorgeheizten Backofen schieben
Strom:	175 – 200
Gas:	3 – 4
Backzeit:	6 – 8 Minuten
	das Gebäck erkalten lassen
	für den hellen Guß
200 g gesiebten Puderzucker	mit
1 Eßl. Rum	
2 – 3 Eßl. Wasser	zu einer dickflüssigen Masse verrühren
	für den dunklen Guß
100 g Puderzucker	mit
etwa 1 Eßl. Kakao	sieben, mit
etwa 1 Eßl. Wasser oder Weinbrand	zu einer dickflüssigen Masse verrühren, in ein Pergamentpapiertütchen füllen
	vor dem Zusammensetzen jeweils 1 Ringplätzchen mit hellem Guß bestreichen, sofort mit dem braunen Guß einen Ring darauf spritzen, mit einem nassen Messer mehrere Male vom Rand aus zur Mitte (nach Belieben auch entgegengesetzt) leicht durch den Guß ziehen
	jeweils 1 Plätzchen auf der Unterseite mit
rotem Johannisbeergelee	bestreichen, den Ring darauf legen.

Mandelmakronen

2 Eiweiß	steif schlagen, es muß so fest sein, daß ein Messerschnitt sichtbar bleibt, nach und nach
100 g Zucker	
1 Messerspitze gemahlenen Zimt	
2 Tropfen Backöl Bittermandel	unterschlagen
100 g abgezogene, gemahlene Mandeln	
75 g abgezogene, gehackte Mandeln	vorsichtig unter den Eierschnee heben (nicht rühren)
	von dem Teig mit 2 Teelöffeln Häufchen auf ein gefettetes Backblech setzen
Strom:	130 – 150 (vorgeheizt)
Gas:	1 – 2 (nicht vorgeheizt)
Backzeit:	30 – 35 Minuten.

Eierkränzchen

250 g Butter	geschmeidig rühren, nach und nach
125 g Zucker	
2 Päckchen Vanillin-Zucker	
1 Ei	
3 Eigelb	unterrühren
250 g Weizenmehl	mit
150 g Speisestärke	mischen, sieben, eßlöffelweise unterrühren den Teig in einen Spritzbeutel mit gezackter Tülle füllen, in Form von Kränzchen (Durchmesser etwa 4 cm) auf ein gefettetes Backblech spritzen
200 g Belegkirschen, rot und grün	in Streifen schneiden, die Teigkränzchen damit belegen, in den vorgeheizten Backofen schieben
Strom:	175 – 200
Gas:	3 – 4
Backzeit:	Etwa 12 Minuten.

Schokoladen-Biskuitrolle

	Für den Teig
4 Eigelb	mit
4 Eßl. warmem Wasser	schaumig schlagen, nach und nach ⅔ von
125 g Zucker	mit
1 Päckchen Vanillin-Zucker	dazugeben, so lange schlagen, bis eine cremeartige Masse entstanden ist
4 Eiweiß	steif schlagen, den Rest des Zuckers unterschlagen, den Schnee auf die Eigelbcreme geben
50 g Weizenmehl	mit
50 g Speisestärke	
30 g Kakao	
1½ g (½ gestrichener Teel.) Backpulver	mischen, darüber sieben, vorsichtig unter die Eigelbcreme ziehen (nicht rühren) den Teig etwa 1 cm dick auf ein gefettetes, mit Pergamentpapier belegtes Backblech streichen, an der offenen Seite des Blechs das Papier unmittelbar vor dem Teig zu einer Falte knicken, so daß ein Rand entsteht, im vorgeheizten Backofen backen
Strom:	200 – 225
Gas:	3 – 4
Backzeit:	10 – 15 Minuten den Biskuit sofort nach dem Backen auf ein mit Zucker bestreutes Papier stürzen, das Pergamentpapier mit kaltem

Wasser bestreichen, vorsichtig, aber schnell abziehen
den Biskuit mit der Papierunterlage aufrollen, kalt stellen

für die Füllung

1 Päckchen Pudding-Pulver Vanille-Geschmack
100 g Zucker mit 6 Eßl. von
500 ml (½ l) kalter Milch anrühren, die übrige Milch erhitzen
in die kochende, von der Kochstelle genommene Milch das angerührte Pudding-Pulver rühren, einmal kurz aufkochen lassen, während des Erkaltens ab und zu durchrühren
200 g Butter geschmeidig rühren, den Pudding eßlöffelweise darunter geben (darauf achten, daß weder Fett noch Pudding zu kalt sind, da dann die sogenannte Gerinnung eintritt)
die ausgekühlte Rolle vorsichtig auseinanderollen, mit der Hälfte der Buttercreme gleichmäßig bestreichen, aufrollen, die äußere braune Haut entfernen, die Rolle mit der restlichen Creme bestreichen, verzieren.

Orangenplätzchen

Für den Teig

175 g Butter geschmeidig rühren, nach und nach
100 g Zucker
1 Päckchen Vanillin-Zucker
1 Ei, Salz
1 Fläschchen Backöl Zitrone unterrühren
300 g Weizenmehl sieben, ⅔ davon eßlöffelweise unterrühren, den Rest des Mehls mit dem Teigbrei zu einem glatten Teig verkneten, sollte er kleben, ihn eine Zeitlang kalt stellen
den Teig knapp ½ cm dick ausrollen, mit einer runden Form (Durchmesser etwa 4 cm) ausstechen, auf ein gefettetes Backblech legen, in den vorgeheizten Backofen schieben
Strom: 175 – 200
Gas: 3 – 4
Backzeit: 10 – 15 Minuten

für den Guß

175 g Puderzucker sieben, mit
4 – 5 Eßl. Orangenlikör oder Zitronensaft glattrühren, so daß eine dickflüssige Masse entsteht, die erkalteten Plätzchen damit bestreichen
kandierte Orangenscheiben in Stücke schneiden, die Plätzchen damit garnieren.

Nuß- oder Kokosecken

(Abb. S. 97)

	Für den Teig
150 g Weizenmehl	mit
1½ g (½ gestrichener Teel.) Backpulver Backin	mischen, auf die Tischplatte sieben, in die Mitte eine Vertiefung eindrücken
65 g Zucker	
1 Päckchen Vanillin-Zucker	
1 Ei	hineingeben, mit einem Teil des Mehls zu einem dicken Brei verarbeiten
65 g kalte Butter oder Margarine	in Stücke schneiden, auf den Brei geben, mit Mehl bedecken, von der Mitte aus alle Zutaten schnell zu einem glatten Teig verkneten, sollte er kleben, ihn eine Zeitlang kalt stellen den Teig zu einem Rechteck von etwa 32 × 24 cm auf einem gefetteten Backblech ausrollen, mit
2 Eßl. Aprikosen-Konfitüre	bestreichen
	für den Belag
100 g Butter oder Margarine	mit
100 g Zucker	
1 Päckchen Vanillin-Zucker	
2 Eßl. Wasser	langsam erwärmen, zerlassen
100 g gemahlene Haselnußkerne	
100 g gehackte Haselnußkerne oder	
200 g Kokosraspeln	unterrühren, kurz aufkochen, etwas abkühlen lassen, gleichmäßig auf dem Teig verteilen, vor den Teig ein mehrfach umgeknicktes Stück Alufolie legen, in den vorgeheizten Backofen schieben
Strom:	175 – 200
Gas:	3 – 4
Backzeit:	20 – 30 Minuten das Gebäck etwas abkühlen lassen, in Vierecke von 8 × 8 cm schneiden, diese so in Hälften teilen, daß Dreiecke entstehen
	für den Guß
50 g Zartbitter-Kuvertüre	in einem kleinen Topf im Wasserbad bei schwacher Hitze zu einer geschmeidigen Masse verrühren, die beiden spitzen Ecken des Gebäcks damit bestreichen.

Marzipanwürfel

(Abb. S. 98)

	Für den Teig
150 g Weizenmehl	mit
1½ g (½ gestrichener Teel.) Backpulver	mischen, auf die Tischplatte sieben, in die Mitte eine Vertiefung eindrücken
65 g Zucker	
1 Päckchen Vanillin-Zucker	
1 Ei	(die Hälfte des Eiweißes zurücklassen) hineingeben, mit einem Teil des Mehls zu einem dicken Brei verarbeiten
65 g kalte Butter	in Stücke schneiden, auf den Brei geben, mit Mehl bedecken, von der Mitte aus alle Zutaten schnell zu einem glatten Teig verkneten, sollte er kleben, ihn eine Zeitlang kalt stellen den Teig in der Größe von 25 × 25 cm auf einem Backblech ausrollen, mehrmals mit einer Gabel einstechen, in den vorgeheizten Backofen schieben, nur hellgelb backen
Strom:	175 – 200, **Gas:** 3 – 4
Backzeit:	10 – 15 Minuten
etwa 100 g Aprikosen-Konfitüre	durch ein Sieb streichen, die gut ausgekühlte Gebäckplatte damit bestreichen
	für den Belag
100 g Puderzucker	sieben, mit
200 g Marzipan-Rohmasse	verkneten, auf
gesiebtem Puderzucker	in der Größe von 25 × 25 cm ausrollen die Marzipanplatte auf die Gebäckplatte legen, gut andrücken mit einem Messerrücken oder kleinen Förmchen Verzierungen eindrücken die obere Seite mit dem zurückgelassenen Eiweiß leicht bestreichen, das Backblech auf die oberste Schiene in den vorgeheizten Backofen schieben, leicht überbacken
Strom:	250, **Gas:** 8
Backzeit:	Etwa 5 Minuten das Gebäck erkalten lassen, in Würfel schneiden
	für den Guß
etwa 200 g dunkle Kuvertüre	in einem kleinen Topf im Wasserbad bei schwacher Hitze zu einer geschmeidigen Masse verrühren, die Marzipanwürfel bis zur Hälfte hineintauchen.

Zimtstangen, Rezept S. 100

Zimtstangen

(Abb. S. 98)

250 g Weizenmehl	auf die Tischplatte sieben, in die Mitte eine Vertiefung eindrücken
75 g Zucker 1 Päckchen Vanillin-Zucker ½ Fläschchen Rum-Aroma 1 gestrichenen Eßl. gemahlenen Zimt 1 Eigelb	hineingeben, mit einem Teil des Mehls zu einem dicken Brei verarbeiten
125 g kalte Butter oder Margarine	in Stücke schneiden, auf den Brei geben, mit Mehl bedecken, von der Mitte aus alle Zutaten schnell zu einem glatten Teig verkneten, sollte er kleben, ihn eine Zeitlang kalt stellen den Teig dünn ausrollen, Stangen von gut 2 × 6 cm schneiden, auf ein gefettetes Backbleck legen
1 Eiweiß	zu fast steifem Schnee schlagen, die Stangen damit bestreichen, mit
Zucker	bestreuen sollte der Eierschnee nicht reichen, die restlichen Stangen mit
Dosenmilch	bestreichen, mit
Zucker abgezogenen, gehobelten Mandeln	bestreuen, in den vorgeheizten Backofen schieben
Strom:	175 – 200
Gas:	3 – 4
Backzeit:	Etwa 10 Minuten.

Nikolausstiefel

	Für den Teig
125 g Honig	mit
50 g Zucker 1 Päckchen Vanillin-Zucker 60 g Butter oder Margarine	langsam erwärmen, zerlassen, in eine Rührschüssel geben, kalt stellen unter die fast erkaltete Masse
1 Eigelb 1 Messerspitze gemahlenen Zimt	

1 Messerspitze gemahlene Nelken	rühren
250 g Weizenmehl	mit
6 g (2 gestr. Teel.) Backpulver Backin	
1 gestr. Teel. Kakao	mischen, sieben, ⅔ davon eßlöffelweise unterrühren, den Rest des Mehls unterkneten den Teig gut ½ cm dick ausrollen, Stiefel von gewünschter Größe (am besten nach Papierschablone) ausschneiden, aus dem restlichen Teig Plätzchen ausstechen die Teigstücke auf ein gefettetes Backblech legen, in den vorgeheizten Backofen schieben
Strom:	175 – 200
Gas:	3 – 4
Backzeit:	Etwa 15 Minuten
	zum Verzieren
100 g Puderzucker	mit so viel
Eiweiß	verrühren, daß eine spritzfähige Masse entsteht die Stiefel mit dem Guß verzieren, mit
bunten Süßigkeiten oder halbierten roten Belegkirschen	garnieren die Plätzchen ebenfalls verzieren.

Quarkwaffeln mit Rosinen

125 g Butter oder Margarine	geschmeidig rühren, nach und nach
100 g Zucker	
1 Päckchen Vanillin-Zucker	
3 Eier	
abgeriebene Schale von ½ Zitrone (unbehandelt)	
125 g Speisequark	unterrühren
200 g Weizenmehl	mit
4½ g (1½ gestrichene Teel.) Backpulver	mischen, sieben, abwechselnd mit
6 Eßl. Milch	unterrühren
50 – 75 g verlesene Rosinen	unterheben den Teig in nicht zu großen Portionen in ein gut erhitztes, gefettetes Waffeleisen füllen, von beiden Seiten goldbraun backen die Waffeln einzeln auf einem Kuchenrost erkalten lassen, mit
Puderzucker	bestäuben, möglichst sofort verzehren.

Nikolaus

50 g Butter	
oder Margarine	geschmeidig rühren, nach und nach
50 g Zucker	
1 Päckchen	
Vanillin-Zucker	
1 Ei	
5 Tropfen	
Rum-Aroma	
Salz	unterrühren
75 g Weizenmehl	mit
1½ g (½ gestr. Teel.)	
Backpulver Backin	mischen, sieben, eßlöffelweise unterrühren
	den Teig in die gefettete, mit
Semmelmehl	ausgestreute Nikolausform füllen
Strom:	175 – 200 (vorgeheizt)
Gas:	2 – 3 (nicht vorgeheizt)
Backzeit:	35 – 45 Minuten
	den Nikolaus etwa 5 Minuten in der Form abkühlen lassen, ihn dann aus der Form nehmen, erkalten lassen, mit
Puderzucker	bestäuben.

Zimt-Baiser-Plätzchen

	Für den Teig
125 g Weizenmehl	auf die Tischplatte sieben, in die Mitte eine Vertiefung eindrücken
2 Eigelb	
50 g Zucker	
1 Päckchen	
Vanillin-Zucker	hineingeben, mit einem Teil des Mehls zu einem dicken Brei verarbeiten
65 g kalte Butter	
oder Margarine	in Stücke schneiden, auf den Brei geben, mit Mehl bedecken, von der Mitte aus alle Zutaten schnell zu einem glatten Teig verkneten, sollte er kleben, ihn eine Zeitlang kalt stellen
	den Teig etwa 2 mm dick ausrollen, mit einer runden Form (Durchmesser 3 – 4 cm) ausstechen, auf ein gefettetes Backblech legen
	für die Baisermasse
2 Eiweiß	mit
100 g Zucker	
1 Teel. gemahlenem	
Zimt	verrühren, im Wasserbad so lange schlagen, bis der Eierschnee schnittfest ist

100 g abgezogene, gemahlene Mandeln	unterheben
	auf jedes Plätzchen etwas (etwa ¾ Teel.) von der Baisermasse streichen
kandierte Kirschen	halbieren, die Plätzchen jeweils mit einer halben Kirsche garnieren, in den vorgeheizten Backofen schieben
Strom:	175 – 200, **Gas:** 3 – 4
Backzeit:	Etwa 10 Minuten.

Bunte Weihnachtsengel

	Für den Teig
250 g Weizenmehl	mit
3 g (1 gestrichener Teel.) Backpulver	mischen, auf die Tischplatte sieben, in die Mitte eine Vertiefung eindrücken
75 g Zucker **1 Päckchen Vanillin-Zucker** **½ Fläschchen Rum-Aroma** **1 Messerspitze gemahlenen Kardamom** **1 Messerspitze gemahlenen Zimt** **1 Ei**	hineingeben, mit einem Teil des Mehls zu einem dicken Brei verarbeiten
75 g kalte Butter	in Stücke schneiden, auf den Brei geben, von der Mitte aus alle Zutaten schnell zu einem glatten Teig verkneten, sollte er kleben, ihn eine Zeitlang kalt stellen
	den Teig knapp ½ cm dick ausrollen, Figuren (am besten nach einer Papierschablone) ausschneiden, auf ein gefettetes Backblech legen, in den vorgeheizten Backofen schieben
Strom:	175 – 200
Gas:	3 – 4
Backzeit:	Etwa 10 Minuten
	für den Guß nach Belieben
gesiebten Puderzucker	mit so viel
Eiweiß	verrühren, daß eine dickflüssige Masse entsteht
	einen Teil davon mit
Eigelb **aufgelöster grüner und roter Götterspeise** **Instant-Kaffee**	färben
	die Engel mit dem Guß verzieren.

Orangen-Schoko-Plätzchen

200 g Weizenmehl	mit
60 g Speisestärke	
3 g (1 gestrichener Teel.) Backpulver	mischen, auf die Tischplatte sieben, in die Mitte eine Vertiefung eindrücken
100 g Zucker	
1 Päckchen Vanillin-Zucker	
abgeriebene Schale von 1 Orange (unbehandelt)	
1 Ei	hineingeben, mit einem Teil des Mehls zu einem dicken Brei verarbeiten
125 g kalte Butter oder Margarine	in kleine Stücke schneiden, auf den Brei geben
100 g zartbittere Schokolade	in kleine Stücke schneiden, auf den Brei geben, mit Mehl bedecken, von der Mitte aus alle Zutaten schnell zu einem glatten Teig verkneten aus dem Teig 3 etwa 3 cm dicke Rollen formen, breitdrücken, so daß die Teigstreifen etwa 5 cm breit und gut 1 cm hoch sind, kalt stellen, bis der Teig hart geworden ist, ihn dann mit einem scharfen Messer in knapp ½ cm dicke Scheiben schneiden, auf ein Backblech legen, in den vorgeheizten Backofen schieben
Strom:	175 – 200
Gas:	3 – 4
Backzeit:	Etwa 10 Minuten.

Vanillekipferl

250 g Weizenmehl	mit
1 Messerspitze Backpulver Backin	mischen, auf die Tischplatte sieben, in die Mitte eine Vertiefung eindrücken
125 g Zucker	
1 Päckchen Vanillin-Zucker	
3 Eigelb	hineingeben, mit einem Teil des Mehls zu einem dicken Brei verarbeiten
200 g kalte Butter	in Stücke schneiden
125 g abgezogene, gemahlene Mandeln	
	beide Zutaten auf den Brei geben, mit Mehl bedecken von der Mitte aus alle Zutaten schnell zu einem glatten Teig verkneten

	aus dem Teig daumendicke Rollen formen, gut 2 cm lange Stücke davon abschneiden, diese zu etwa 5 cm langen Rollen formen, die Enden etwas dünner rollen, als Hörnchen auf ein Backblech legen, in den vorgeheizten Backofen schieben
Strom:	175 – 200
Gas:	3 – 4
Backzeit:	Etwa 10 Minuten
50 g Puderzucker	sieben, mit
1 Päckchen Vanillin-Zucker	
½ gestrichenen Teel. gemahlenem Zimt	
50 g abgezogenen, feingehackten Mandeln	mischen die noch heißen Kipferl darin wälzen.

Sterntaler

	Für den Teig
250 g Weizenmehl	auf die Tischplatte sieben, in die Mitte eine Vertiefung eindrücken
50 g gesiebten Puderzucker	
1 Päckchen Vanillin-Zucker	
abgeriebene Schale von ½ Zitrone (unbehandelt)	
1 Eßl. Zitronensaft	hineingeben
175 g kalte Butter oder Margarine	in Stücke schneiden, darauf geben, mit Mehl bedecken, von der Mitte aus alle Zutaten schnell zu einem glatten Teig verkneten, sollte er kleben, ihn eine Zeitlang kalt stellen den Teig etwa 3 mm dick ausrollen, Sterne ausstechen, auf ein gefettetes Backblech legen, in den vorgeheizten Backofen schieben
Strom:	175 – 200
Gas:	3 – 4
Backzeit:	Etwa 8 Minuten
	für den Guß
175 g Puderzucker	sieben, mit
etwa 3 Eßl. Zitronensaft	glattrühren, so daß eine dickflüssige Masse entsteht, die erkalteten Plätzchen damit bestreichen, mit
etwa 20 g gehackten Pistazienkernen	bestreuen.

Mohnkränzchen

175 g Butter	geschmeidig rühren, nach und nach
100 g Zucker	
1 Päckchen Vanillin-Zucker	
1 Ei	hinzugeben
175 g Weizenmehl	mit
75 g Speisestärke	mischen, mit
100 g gemahlenem Mohn	eßlöffelweise unterrühren den Teig in einen Spritzbeutel mit gezackter Tülle füllen, Ringe (Durchmesser etwa 4 cm) auf ein Backblech spritzen, in den vorgeheizten Backofen schieben
Strom:	175 – 200, **Gas:** 3 – 4
Backzeit:	Etwa 10 Minuten.

Früchtebrot

3 Eier	schaumig schlagen, nach und nach
125 g Zucker	
1 Päckchen Vanillin-Zucker	hinzugeben, so lange schlagen, bis eine dicke, cremeartige Masse entstanden ist
½ Fläschchen Rum-Aroma	
1 Messerspitze gemahlenen Zimt	unterrühren
125 g Haselnußkerne	halbieren
125 g getrocknete Feigen	in Würfel schneiden
250 g Rosinen	verlesen
60 g abgezogene, gehackte Mandeln	
125 g gewürfeltes Zitronat (Sukkade)	
125 g Weizenmehl	mit
50 g Speisestärke	
3 g (1 gestrichener Teel.) Backpulver	mischen, sieben alle Zutaten unter die Eiermasse rühren den Teig in eine gefettete, mit Papier ausgelegte Kastenform (30 x 11 cm) füllen
Strom:	175 – 200 (vorgeheizt)
Gas:	2 – 3 (nicht vorgeheizt)
Backzeit:	70 – 90 Minuten.

Rosenkuchen mit Quarkfüllung,
Rezept S. 175

Walnuß-Aprikosen-Konfekt

(Abb. S. 108)

125 g getrocknete Aprikosen	in sehr kleine Stücke schneiden, mit
3 Eßl. Aprikot Brandy	übergießen, zugedeckt etwa 2 Stunden stehenlassen
200 g Marzipan-Rohmasse	hinzufügen, mit einem elektrischen Handrührgerät mit Rührbesen gut verrühren
100 g gesiebten Puderzucker	unterkneten aus der Masse etwa 2 cm dicke Rollen formen, in etwa 1½ cm dicke Scheiben schneiden
100 g Kuvertüre	in einem kleinen Topf im Wasserbad bei schwacher Hitze zu einer geschmeidigen Masse verrühren jedes Marzipanstückchen hineintauchen, auf Pergamentpapier setzen, evtl. nochmals umsetzen, damit das Konfekt keine „Füßchen" bekommt, mit
100 g Walnußkernhälften	garnieren das Konfekt möglichst in kleine Papiermanschetten setzen, gut verschlossen aufbewahren.

Schneetaler

300 g Weizenmehl	auf die Tischplatte sieben, in die Mitte eine Vertiefung eindrücken
100 g Zucker 1 Päckchen Vanillin-Zucker 100 g abgezogene, gemahlene Mandeln	hineingeben
275 g kalte Butter oder Margarine	in Stücke schneiden, auf die Mandeln geben, mit Mehl bedecken, von der Mitte aus alle Zutaten zu einem glatten Teig verkneten, ihn eine Zeitlang kalt stellen, den Teig in kleinen Portionen dünn ausrollen, mit einer runden Form (Durchmesser 4 – 5 cm) ausstechen, auf ein Backblech legen, in den vorgeheizten Backofen schieben
Strom:	175 – 200
Gas:	3 – 4
Backzeit:	8 – 10 Minuten
50 – 75 g gesiebten Puderzucker	mit
1 Päckchen Vanillin-Zucker	mischen, das erkaltete Gebäck damit bestäuben.

Haferflockenplätzchen

75 g Butter	zerlassen
125 g grobe Haferflocken	unter Rühren leicht darin bräunen 1 Eßl. von
75 g Zucker	kurz mitbräunen lassen, kalt stellen
1 Ei	schaumig schlagen, nach und nach den Rest des Zuckers,
3 – 5 Tropfen Backöl Bittermandel	hinzugeben, so lange schlagen, bis eine dicke, cremeartige Masse entstanden ist
50 g Weizenmehl	mit
3 g (1 gestrichener Teel.) Backpulver Backin	mischen, sieben, mit den erkalteten Haferflocken eßlöffelweise unterrühren von dem Teig mit 2 Teelöffeln walnußgroße Häufchen auf ein gefettetes Backblech setzen
Strom:	175 – 200
Gas:	5 Minuten vorheizen 3 – 4, backen 3 – 4
Backzeit:	12 – 15 Minuten.

Kokosplätzchen

	Für den Teig
250 g Weizenmehl	mit
3 g (1 gestrichener Teel.) Backpulver	mischen, auf die Tischplatte sieben, in die Mitte eine Vertiefung eindrücken
75 g Zucker **1 Päckchen Vanillin-Zucker** **2 Eigelb**	hineingeben, mit einem Teil des Mehls zu einem dicken Brei verarbeiten
125 g kalte Margarine	in Stücke schneiden, auf den Brei geben, mit Mehl bedecken, alle Zutaten von der Mitte aus schnell zu einem glatten Teig verkneten, sollte er kleben, ihn eine Zeitlang kalt stellen den Teig dünn ausrollen, mit zwei verschieden großen Formen (Durchmesser etwa 4,5 cm und etwa 3 cm) ausstechen die größeren Plätzchen auf ein gefettetes Backblech legen
	für den Belag
3 Eiweiß	zu steifem Schnee schlagen, er muß so fest sein, daß ein Messerschnitt sichtbar bleibt
100 g Zucker	eßlöffelweise darunter schlagen
175 g Kokosraspel **3 Tropfen Backöl Bittermandel**	unterheben, die Kokosmasse in Häufchen auf die großen

	Teigplätzchen geben, jeweils ein kleines Teigplätzchen schräg daran legen
1 Eigelb	mit
1 Teel. Dosenmilch	verschlagen, die kleinen Teigplätzchen damit bestreichen, in den vorgeheizten Backofen schieben
Strom:	175 – 200
Gas:	3 – 4
Backzeit:	10 – 15 Minuten.

Tele-Happen

	Für den Teig
200 g Honig	mit
100 g Butter oder Margarine	
125 g Zucker	langsam erwärmen, zerlassen, erkalten lassen
2 Eier	
20 g Back-Kakao	
½ Teel. gemahlenen Zimt	
½ Teel. gemahlene Nelken	
1 gestrichenen Teel. Ingwerpulver	
2 Tropfen Backöl Bittermandel	mit der Honigmasse verrühren
375 g Weizenmehl	mit
1 Päckchen Backpulver Backin	mischen, sieben, eßlöffelweise unter den Teig rühren
60 g kandierten Ingwer	in kleine Stücke schneiden
50 g zartbittere Schokolade	fein hacken
50 g Korinthen	verlesen, alle Zutaten unterheben, den Teig etwa ½ cm dick auf ein gefettetes Backblech streichen, in den vorgeheizten Backofen schieben
Strom:	175 – 200
Gas:	3 – 4
Backzeit:	25 – 30 Minuten das erkaltete Gebäck in Streifen, Rechtecke oder Dreiecke schneiden
	für den Guß
200 g Puderzucker	sieben, mit
2 – 3 gestrichenen Eßl. Kakao	
3 – 4 Eßl. heißem Wasser	glattrühren, so daß eine dickflüssige Masse entsteht, die Happen damit bestreichen, nach Belieben garnieren.

Schokostäbchen

	Für den Teig
1 Ei	
1 Eigelb	mit
125 g Zucker	
1 Päckchen Vanillin-Zucker	
Salz	
1 gestrichenen Teel. Instant-Kaffee-Pulver	schaumig schlagen
60 g zartbittere Schokolade	in kleine Stücke brechen, in einem kleinen Topf im Wasserbad bei schwacher Hitze glattrühren, unter die Eiermasse rühren
200 g gemahlene Mandeln	mit
1 Messerspitze Backpulver Backin	mischen, ⅔ davon unterrühren, den Rest unterkneten den Teig kalt stellen
	für den Guß
1 Eiweiß	steif schlagen
60 g Puderzucker	sieben, eßlöffelweise unter den Schnee schlagen den Teig zu einem Rechteck (12 x 40 cm) ausrollen, die Teigplatte gleichmäßig mit dem Guß bestreichen, daraus Stäbchen (6 x 1 cm) schneiden, auf ein gefettetes Backblech legen, in den vorgeheizten Backofen schieben
Strom:	175 – 200
Gas:	3 – 4
Backzeit:	10 – 15 Minuten.

Nougatstangen

	Für den Teig
225 g Butter	geschmeidig rühren, nach und nach
100 g gesiebten Puderzucker	
1 Päckchen Vanillin-Zucker	
3 Eigelb	
2 Messerspitzen gemahlenen Zimt	unterrühren
200 g Weizenmehl	mit
40 g Back-Kakao	
3 g (1 gestr. Teel.) Backpulver Backin	mischen, sieben, eßlöffelweise unterrühren

125 g gemahlene, geröstete Haselnußkerne	unterheben den Teig in einen Spritzbeutel mit gezackter Tülle füllen, etwa 4 cm lange Stangen auf ein gefettetes Backblech spritzen, in den vorgeheizten Backofen schieben
Strom:	175 – 200
Gas:	3 – 4
Backzeit:	7 – 10 Minuten
	für die Füllung
etwa 100 g Nuß-Nougatmasse	geschmeidig rühren die Hälfte der erkalteten Plätzchen auf der Unterseite damit bestreichen, die übrigen darauf legen, gut andrücken
	für den Guß
150 g zartbittere Schokolade	in kleine Stücke brechen, mit
30 g Kokosfett	in einem kleinen Topf im Wasserbad bei schwacher Hitze zu einer geschmeidigen Masse verrühren, die Stangenenden hineintauchen.

Vanille-Mürbchen

250 g Weizenmehl	auf die Tischplatte sieben, in die Mitte eine Vertiefung eindrücken
2 Päckchen Vanillin-Zucker	
5 Eßl. Crème fraîche	hineingeben, mit einem Teil des Mehls zu einem dicken Brei verarbeiten
175 g kalte Butter oder Margarine	in Stücke schneiden, auf den Brei geben, mit Mehl bedecken, von der Mitte aus alle Zutaten schnell zu einem glatten Teig verkneten, sollte er kleben, ihn eine Zeitlang kalt stellen den Teig etwa ½ cm dick ausrollen, zunächst mit einer Form (Durchmesser etwa 6 cm) rund ausstechen, die Teigstücke in der Mitte dann so ausstechen (Durchmesser etwa 4 cm), daß Ringe und Plätzchen entstehen diese auf der oberen Seite mit
Dosenmilch oder Sahne	bestreichen, in
etwa 75 g abgezogene, gehackte Mandeln	drücken, mit der unteren Seite auf ein Backbleck legen, im vorgeheizten Backofen goldgelb backen
Strom:	200 – 225
Gas:	3 – 4
Backzeit:	10 – 15 Minuten.

Haselnußbrötchen

3 Eiweiß	steif schlagen, es muß so fest sein, daß ein Messerschnitt sichtbar bleibt, nach und nach
200 g Zucker	unterschlagen, 3 – 4 Eßl. davon abnehmen, unter den restlichen Eierschnee
1 Messerspitze gemahlenen Zimt	
200 g gemahlene, geröstete Haselnußkerne	heben
	die Masse in einen Spritzbeutel mit gezackter Tülle füllen, in Form von Tuffs auf ein mit gut gefettetem Pergamentpapier belegtes Backblech spritzen
	den zurückgelassenen Eierschnee in den gesäuberten Spritzbeutel mit Lochtülle füllen, etwas davon auf jeden Tuff spritzen, von
etwa 100 g Haselnußkernen	je 1 Kern hineindrücken
Strom:	130 – 150 (vorgeheizt)
Gas:	1 – 2 (nicht vorgeheizt)
Backzeit:	Etwa 25 Minuten
	das Gebäck muß sich beim Herausnehmen aus dem Backofen noch etwas weich anfühlen.

Pflastersteine

250 g Honig oder Sirup	mit
100 g Zucker	
50 g Butter, Margarine oder Schweineschmalz	
1 Eßl. Wasser	langsam erwärmen, zerlassen, in eine Rührschüssel geben, kalt stellen
	unter die fast erkaltete Masse
1 Ei	
1 gestrichenen Teel. gemahlenen Zimt	
2 Tropfen Backöl Bittermandel	
3 Tropfen Backöl Zitrone	rühren
500 g Weizenmehl	mit
12 g (4 gestrichene Teel.) Backpulver Backin	mischen, sieben, ⅔ davon eßlöffelweise unterrühren, den Rest des Mehls mit

50 g abgezogenen, gehackten Mandeln oder 50 g verlesenen Korinthen	
25 g gewürfeltem Orangeat oder Zitronat	unter den Teigbrei kneten, sollte der Teig kleben, noch etwas Mehl hinzugeben, daumendicke Rollen formen, diese in so große Stücke schneiden, daß sich daraus etwa kirschgroße Kugeln formen lassen, etwas flachdrücken, auf der Oberseite mit
Milch	bestreichen, in
Hagelzucker	drücken, auf ein gefettetes Backblech legen, in den vorgeheizten Backofen schieben
Strom:	175 – 200
Gas:	3 – 4
Backzeit:	10 – 20 Minuten die Pflastersteine nach dem Backen einige Tage an der Luft stehenlassen, damit sie weich werden.

Gewürz-Mürbchen

250 g Weizenmehl	auf die Tischplatte sieben, in die Mitte eine Vertiefung eindrücken
1 gut gehäuften Eßl. Zucker	
1 Päckchen Vanillin-Zucker	
1 Fläschchen Rum-Aroma	
1 Messerspitze gemahlenen Zimt	
1 Messerspitze gemahlene Nelken	
2 Eßl. Sahne	
1 Eiweiß	hineingeben, mit einem Teil des Mehls zu einem dicken Brei verarbeiten
150 g kalte Butter	in Stücke schneiden, auf den Brei geben, mit Mehl bedecken, alle Zutaten von der Mitte aus schnell zu einem glatten Teig verkneten den Teig knapp ½ cm dick ausrollen, mit beliebigen Formen Plätzchen ausstechen, auf ein Backblech legen
1 Eigelb	
1 Eßl. Milch	verschlagen, die Teigplätzchen damit bestreichen, mit
Hagelzucker	bestreuen, im vorgeheizten Backofen goldgelb backen
Strom:	175 – 200
Gas:	3 – 4
Backzeit:	10 – 15 Minuten.

Wiener Kolatschen

(Abb. S. 118)

125 g Butter	geschmeidig rühren, nach und nach
100 g Zucker	
1 Päckchen Vanillin-Zucker	
1 Ei, 1 Eigelb	
2 Tropfen Backöl Zitrone	unterrühren
250 g Weizenmehl	mit
9 g (3 gestrichene Teel.) Backpulver	mischen, sieben, unterrühren
	von dem Teig walnußgroße Häufchen auf ein gefettetes, mit
Weizenmehl	bestäubtes Backblech setzen
1 Eiweiß	mit
1 Teel. Zucker	verschlagen, die Teighäufchen damit bestreichen
50 g Zitronat	in feine Würfel schneiden
70 g Korinthen	verlesen
50 g Mandeln	abziehen, hacken
	die Zutaten mischen, die Teighäufchen damit bestreuen, in den vorgeheizten Backofen schieben
Strom:	175 – 200, **Gas:** 3 – 4
Backzeit:	Etwa 15 Minuten.

Kokoshäufchen

(Abb. S. 118)

50 g Butter	geschmeidig rühren, nach und nach
125 g Zucker	
1 Päckchen Vanillin-Zucker	
1 Ei, ½ Fläschchen Rum-Aroma	
3 Tropfen Backöl Bittermandel	unterrühren
125 g Weizenmehl	mit
6 g (2 gestrichene Teel.) Backpulver	mischen, sieben, eßlöffelweise mit
etwa 1 Eßl. Milch	unterrühren
250 g Kokosraspel	zuletzt unter den Teig heben
	mit 2 Teelöffeln Teighäufchen auf ein gefettetes Backblech setzen, in den vorgeheizten Backofen schieben
Strom:	175 – 200, **Gas:** 3 – 4
Backzeit:	10 – 12 Minuten.

Nussige Kringel,
Rezept S. 173

Granatsplitter

(Abb. S. 118)

	Für den Teig
150 g Weizenmehl	mit
3 g (1 gestrichener Teel.) Backpulver Backin	mischen, auf die Tischplatte sieben, in die Mitte eine Vertiefung eindrücken
50 g Zucker	
1 Päckchen Vanillin-Zucker	
1 Fläschchen Rum-Aroma	
2 Eßl. Milch	hineingeben, mit einem Teil des Mehls zu einem dicken Brei verarbeiten
50 g kalte Butter oder Margarine	in Stücke schneiden, auf den Brei geben, mit Mehl bedecken, von der Mitte aus alle Zutaten schnell zu einem glatten Teig verkneten, sollte er kleben, ihn eine Zeitlang kalt stellen den Teig dünn ausrollen, mit einer runden Form (Durchmesser etwa 4 cm) etwa 45 Plätzchen ausstechen, den Teigrest zu Plätzchen ausrädern, alle Teigplätzchen auf ein gefettetes Backblech legen, in den vorgeheizten Backofen schieben
Strom:	175 – 200
Gas:	3 – 4
Backzeit:	Etwa 10 Minuten
	für den Belag
125 g Kokosfett	zerlassen, abkühlen lassen
65 g Puderzucker	
25 g Back-Kakao	
1 Päckchen Vanillin-Zucker	in eine Rührschüssel sieben
1 Fläschchen Rum-Aroma	
1 Ei	hinzufügen, nach und nach das Kokosfett unterrühren die ausgeräderten Plätzchen in kleine Stücke brechen, mit
75 g abgezogenen, gestiftelten Mandeln	unter die Kakaomasse rühren die Masse bergförmig auf die runden Plätzchen streichen
etwa 150 g Kuvertüre	in einem kleinen Topf im Wasserbad bei schwacher Hitze zu einer geschmeidigen Masse verrühren, die Granatsplitter mit der Oberseite eintauchen, kalt stellen, damit Belag und Guß fest werden.

Wiener Kolatschen, Rezept S. 116
Kokoshäufchen, Rezept S. 116
Punschherzen, Rezept S. 120

Punschherzen

(Abb. S. 118)

	Für den Teig
150 g Weizenmehl	mit
3 g (1 gestrichener Teel.) Backpulver	mischen, auf die Tischplatte sieben, in die Mitte eine Vertiefung eindrücken
75 g Zucker	
1 Päckchen Vanillin-Zucker	
1 Ei	
1 Eigelb	hineingeben, mit einem Teil des Mehls zu einem dicken Brei verarbeiten
75 g kalte Butter oder Margarine	in Stücke schneiden, auf den Brei geben
50 g abgezogene, gemahlene Mandeln	darüber streuen, mit Mehl bedecken
	von der Mitte aus alle Zutaten schnell zu einem glatten Teig verkneten, sollte er kleben, ihn eine Zeitlang kalt stellen
	den Teig dünn ausrollen, Herzen ausstechen, auf ein Backblech legen, in den vorgeheizten Backofen schieben
Strom:	175 – 200
Gas:	3 – 4
Backzeit:	Etwa 10 Minuten
	für den Guß
125 g Puderzucker	sieben, mit
1 Eiweiß	
5 Tropfen Backöl Zitrone	
einigen Tropfen Wasser oder Zitronensaft	zu einer dickflüssigen Masse verrühren
	die erkalteten Plätzchen mit dem Guß bestreichen, nach Belieben mit
Buntzucker	bestreuen.

Feine Gewürzplätzchen

	Für den Teig
1 Packung Feingebäck-Backmischung Butter-Spritz-Gebäck	mit
150 g kalter, in Stücke geschnittener Butter oder Margarine	
1 Ei	

½ Fläschchen Rum-Aroma	
2 Teel. gemahlenem Zimt	
½ gestr. Teel. gemahlenen Nelken	
½ gestr. Teel. gemahlenem Kardamom	
1 Messerspitze gemahlener Muskatblüte	
50 g abgezogenen, gemahlenen Mandeln	in eine Rührschüssel geben, mit einem elektrischen Handrührgerät mit Knethaken auf höchster Stufe in etwa 3 Minuten zu einer zusammenhängenden Masse verarbeiten, dann auf der Tischplatte mit den Händen schnell zu einem glatten Teig verkneten, sollte er kleben, ihn eine Zeitlang kalt stellen
	zum Ausrollen die Tischplatte dicht mit
abgezogenen, gehobelten Mandeln	bestreuen, den Teig dünn darauf ausrollen, mit beliebigen Formen (vor allem Tierformen) Plätzchen ausstechen, auf ein gefettetes Backblech legen, in den vorgeheizten Backofen schieben werden Holzmodel benutzt, den Teig in den gut gemehlten Model drücken, den überstehenden Teig abschneiden, die Teigstücke aus dem Model schlagen
Strom:	175 – 200
Gas:	3 – 4
Backzeit:	10 – 15 Minuten.

Wespennester

3 Eiweiß	steif schlagen, der Schnee muß so fest sein, daß ein Messerschnitt sichtbar bleibt
250 g Zucker	mit
1 Päckchen Vanillin-Zucker	eßlöffelweise unterschlagen
125 g Zartbitter-Schokolade	reiben, mit
250 g abgezogenen, gehackten Mandeln	auf den Eierschnee geben, vorsichtig unterheben (nicht rühren) von dem Teig mit 2 Teelöffeln Häufchen auf ein gefettetes Backblech oder auf kleine Oblaten (Durchmesser 3 – 4 cm) setzen
Strom:	130 – 150 (vorgeheizt)
Gas:	1 – 2 (nicht vorgeheizt)
Backzeit:	Etwa 25 Minuten.

Ingwer-Schoko-Gebäck

	Für den Teig
125 g Butter oder Margarine	geschmeidig rühren, nach und nach
200 g Zucker 1 Päckchen Vanillin-Zucker 2 Teel. gemahlenen Ingwer	
4 Eier	unterrühren
250 g Weizenmehl	mit
3 g (1 gestrichener Teel.) Backpulver Backin	mischen, sieben, mit
250 g geraspelter Schokolade	eßlöffelweise unterrühren
200 g verlesene Rosinen	kleinschneiden, zuletzt unterheben den Teig auf ein gefettetes Backblech streichen, in den vorgeheizten Backofen schieben
Strom:	175 – 200
Gas:	3 – 4
Backzeit:	20 – 25 Minuten das erkaltete Gebäck in Quadrate (4 × 4 cm) schneiden
	für den Guß
150 g halbbittere Kuvertüre	in einem kleinen Topf im Wasserbad bei schwacher Hitze zu einer geschmeidigen Masse verrühren, das Gebäck damit bestreichen, nach Belieben mit
halbierten Belegkirschen	garnieren.

Friesenkeks

	Für den hellen Teig
250 g Weizenmehl	mit
3 g (1 gestrichener Teel.) Backpulver Backin	mischen, auf die Tischplatte sieben, in die Mitte eine Vertiefung eindrücken
100 g Zucker 1 Päckchen Vanillin-Zucker 1 Fläschchen Rum-Aroma 2 Eßl. Wasser	hineingeben, mit einem Teil des Mehls zu einem dicken Brei verarbeiten

100 g kalte Butter	in Stücke schneiden, auf den Brei geben, mit Mehl bedecken, von der Mitte aus alle Zutaten schnell zu einem glatten Teig verkneten
oder	
	für den dunklen Teig
250 g Weizenmehl	mit
30 g Kakao	
3 g (1 gestrichener Teel.) Backpulver Backin	mischen, auf die Tischplatte sieben, in die Mitte eine Vertiefung eindrücken
100 g Zucker	
1 Päckchen Vanillin-Zucker	
1 Fläschchen Rum-Aroma	
3 Eßl. Wasser	hineingeben, mit einem Teil des Mehls zu einem dicken Brei verarbeiten
125 g kalte Butter	in Stücke schneiden, auf den Brei geben, mit Mehl bedecken, von der Mitte aus alle Zutaten schnell zu einem glatten Teig verkneten
	aus den Teigen je 2 – 3 etwa 3 cm dicke Rollen formen, in
grobem Zucker	wälzen, so lange kalt stellen, bis sie hart geworden sind, in ½ cm dicke Scheiben schneiden, die obere Seite in groben Zucker drücken, auf ein gefettetes Backblech legen, in den vorgeheizten Backofen schieben
Strom:	175 – 200
Gas:	3 – 4
Backzeit:	Etwa 10 Minuten.

Butterplätzchen

250 g Butter	zerlassen, kalt stellen
	in das erkaltete, wieder etwas festgewordene Fett nach und nach eßlöffelweise
175 g Zucker	
2 Päckchen Vanillin-Zucker	geben, so lange rühren, bis Butter und Zucker weißschaumig geworden sind, dann
300 g Weizenmehl	sieben, ⅔ davon eßlöffelweise unterrühren, wenn der Teig fester wird,
1 Eßl. Milch	hinzufügen
	den Rest des Mehls mit dem Teigbrei zu einem glatten Teig verkneten
	sollte der Teig kleben, ihn eine Zeitlang kalt stellen
	den Teig in kleinen Mengen dünn ausrollen, mit kleinen beliebigen Formen ausstechen, auf ein Backblech legen, in den vorgeheizten Backofen schieben
Strom:	175 – 200, **Gas:** 2 – 3
Backzeit:	Etwa 10 Minuten.

Mandelhörnchen

	Für den Teig
200 g Marzipan-Rohmasse	
2 Eiweiß	mit einem elektrischen Handrührgerät mit Rührbesen zu einer geschmeidigen Masse verrühren, nach und nach
100 g Zucker	
1 Päckchen Vanillin-Zucker	
50 g Weizenmehl	unterrühren den Teig in einen Spritzbeutel mit glatter Tülle füllen, Hörnchen auf ein gefettetes, mit Mehl bestäubtes Backblech spritzen, mit
50 g abgezogenen, gehobelten Mandeln	bestreuen, in den vorgeheizten Backofen schieben
Strom:	175 – 200
Gas:	3 – 4
Backzeit:	10 – 15 Minuten
	zum Bestreichen
100 g dunkle Kuchenglasur	nach der Vorschrift auf dem Beutel auflösen, die Enden der erkalteten Hörnchen damit bestreichen.

Kosakentaler

	Für den Teig
300 g Weizenmehl	mit
1½ g (½ gestrichener Teel.) Backpulver Backin	mischen, auf die Tischplatte sieben, in die Mitte eine Vertiefung eindrücken
100 g Zucker	
1 Päckchen Vanillin-Zucker	
3 Eßl. Milch	hineingeben, mit einem Teil des Mehls zu einem dicken Brei verarbeiten
150 g kalte Butter oder Margarine	in Stücke schneiden, auf den Brei geben, mit Mehl bedecken, von der Mitte aus alle Zutaten schnell zu einem glatten Teig verkneten, sollte er kleben, ihn eine Zeitlang kalt stellen den Teig dünn ausrollen, mit einer runden Form (Durchmesser etwa 4 cm) ausstechen, auf ein gefettetes Backblech legen, in den vorgeheizten Backofen schieben
Strom:	175 – 200
Gas:	3 – 4
Backzeit:	8 – 10 Minuten

für die Füllung

150 g Nuß-Nougatmasse in einem kleinen Topf im Wasserbad bei schwacher Hitze glattrühren
die Hälfte der erkalteten Plätzchen auf der Unterseite mit der Masse bestreichen, die übrigen mit der Unterseite darauf legen, gut andrücken, etwas herausgedrückte Masse am Rand verstreichen
die Plätzchen durch
50 g gemahlene Haselnußkerne rollen.

Datteltaler

Für den Teig

2 Eiweiß steif schlagen, der Schnee muß so fest sein, daß ein Messerschnitt sichtbar bleibt, nach und nach
125 g Zucker
1 Päckchen Vanillin-Zucker
½ Fläschchen Rum-Aroma
1 Messerspitze gemahlenen Zimt unterschlagen
50 g abgezogene, gemahlene Mandeln
50 g abgezogene, gehackte Mandeln
100 g entkernte, kleingeschnittene Datteln auf den Eierschnee geben
20 g Speisestärke darüber sieben, vorsichtig unter den Eierschnee heben (nicht rühren),
jeweils knapp 1 cm dick auf die Hälfte von
100 Oblaten (Durchmesser 4 cm) streichen, mit einer zweiten Oblate bedecken, auf ein Backblech legen
Strom: 125 – 150 (vorgeheizt)
Gas: 1 – 2 (nicht vorgeheizt)
Backzeit: Etwa 20 Minuten
das Gebäck vollständig erkalten lassen

für den Guß

etwas Kuvertüre oder Zartbitter-Schokolade in einem kleinen Topf im Wasserbad bei schwacher Hitze glattrühren, die Datteltaler etwas schräg von zwei Seiten oder zur Hälfte hineintauchen.

Marzipankonfekt

200 g Marzipan-Rohmasse	
100 g gesiebter Puderzucker	
1 Eßl. Kirschwasser	die Zutaten zu einer einheitlichen Masse verkneten, in mit
Puderzucker	ausgestäubte Pralinenförmchen drücken oder Motive daraus formen
	das Konfekt vorsichtig mit einem Holzstäbchen aus den Förmchen lösen
	für den Guß
Puderzucker	sieben, mit so viel
Eiweiß oder Wasser	verrühren, daß eine dickflüssige Masse entsteht
	das Konfekt damit überziehen
Puderzucker	sieben, mit
Eiweiß	glattrühren, mit
Farbenfreude (Back- und Speisefarbe)	färben, das Konfekt damit verzieren.

Orangenmakronen

3 Eiweiß	mit
200 g Zucker	
1 Päckchen Vanillin-Zucker	in eine Schüssel geben, über Wasserdampf mit einem Schneebesen so lange schlagen, bis eine steife Masse entstanden ist
abgeriebene Schale von 1 Apfelsine (unbehandelt)	
3 Eßl. Apfelsinensaft	hinzufügen, weiterschlagen, die Masse muß so fest sein, daß ein Messerschnitt sichtbar bleibt
	die Schüssel aus dem Wasserdampf nehmen
200 g abgezogene, gehobelte Mandeln	
50 g Semmelmehl	vorsichtig unter den Eierschnee heben (nicht rühren)
	den Teig mit 2 Teelöffeln in Häufchen auf ein gefettetes Backblech setzen
Strom:	130 – 150 (vorgeheizt)
Gas:	1 – 2 (nicht vorgeheizt)
Backzeit:	Etwa 30 Minuten.

Zarter Baumkuchen,
Rezept S. 174

Tannenbäumchen

	Für den Teig
100 g Honig	mit
50 g Zucker	
Salz	
25 g Margarine	
1 Eßl. Wasser	langsam erwärmen, zerlassen, in eine Rührschüssel geben, kalt stellen, unter die fast erkaltete Masse
1 Ei	
½ Teel. gemahlenen Zimt	
2 Tropfen Backöl Bittermandel	rühren
250 g Weizenmehl	mit
25 g Kakao	
9 g (3 gestrichene Teel.) Backpulver	mischen, sieben, nach und nach eßlöffelweise ⅔ davon unterrühren, den Rest des Mehls darunter kneten, sollte der Teig kleben, noch
Weizenmehl	hinzufügen
	den Teig auf einem gefetteten Backblech (32 x 40 cm) ausrollen, in den vorgeheizten Backofen schieben
Strom:	175 – 200, **Gas:** 3 – 4
Backzeit:	Etwa 10 Minuten
	sofort nach dem Backen aus der Teigplatte mit einem spitzen Messer Sterne verschiedener Größe (nach Papierschablonen) und pfenniggroße Stücke ausschneiden, diese mit Hilfe langer, runder Holzstäbchen abwechselnd so aufspießen, daß Tannenbäumchen entstehen, mit Puderzuckerguß verzieren.

Mandelplätzchen

	Für den Teig
150 g Weizenmehl	auf die Tischplatte sieben, in die Mitte eine Vertiefung eindrücken
65 g Zucker, Salz	
1 Päck. Vanillin-Zucker	
abgeriebene Schale von ½ Zitrone (unbehandelt)	hineingeben
150 g kalte Butter	in Stücke schneiden, mit

Schwarz-Weiß-Gebäck,
Rezept S. 190

Fortsetzung Seite 130

75 g abgezogenen, gemahlenen Mandeln	auf die Zutaten geben, mit Mehl bedecken, von der Mitte aus alle Zutaten schnell zu einem glatten Teig verkneten, sollte er kleben, ihn eine Zeitlang kalt stellen
	den Teig dünn ausrollen, mit einer runden Form (Durchmesser etwa 4 cm) Plätzchen ausstechen, auf ein Backblech legen, in den vorgeheizten Backofen schieben
Strom:	175 – 200, **Gas:** 3 – 4
Backzeit:	Etwa 6 Minuten
	die Hälfte der erkalteten Plätzchen auf der Unterseite mit
Johannisbeergelee	bestreichen, die übrigen mit der Unterseite darauf legen, gut andrücken
	für den Guß
100 g Schokolade	in kleine Stücke brechen, mit
etwas Kokosfett	in einem kleinen Topf im Wasserbad bei schwacher Hitze zu einer geschmeidigen Masse verrühren
	die Plätzchen jeweils zur Hälfte hineintauchen, mit
abgezogenen, halbierten Mandeln	garnieren.

Zedernbrot

	Für den Teig
3 Eiweiß	steif schlagen, es muß so fest sein, daß ein Messerschnitt sichtbar bleibt
375 g Puderzucker	mit
1 Päck. Vanillin-Zucker	mischen, sieben, eßlöffelweise unterschlagen
2 Tropfen Backöl Bittermandel	
1 Eßl. Zitronensaft	
abgeriebene Schale von ½ Zitrone (unbehandelt)	und gut die Hälfte von
etwa 375 g abgezogenen, gemahlenen Mandeln	hinzufügen, unterrühren
	von dem Rest der gemahlenen Mandeln so viel darunter kneten, daß der Teig kaum noch klebt, ihn auf einer mit
Puderzucker	bestreuten Tischplatte gut ½ cm dick ausrollen, Halbmonde ausstechen, auf ein mit Pergamentpapier belegtes Backblech legen
Strom:	130 – 150 (vorgeheizt)
Gas:	1 – 2 (nicht vorgeheizt)
Backzeit:	30 – 45 Minuten
	für den Guß
150 g Puderzucker	sieben, mit
4 Eßl. Zitronensaft	glattrühren, so daß eine dickflüssige Masse entsteht
	die erkalteten Plätzchen mit dem Guß bestreichen.

Klassisches und traditionelles Gebäck

Biskuitrolle

	Für den Teig
3 Eigelb	mit
5 – 6 Eßl. warmem Wasser	schaumig schlagen, nach und nach ⅔ von
150 g Zucker	mit
1 Päckchen Vanillin-Zucker	hinzugeben, so lange schlagen, bis eine cremeartige Masse entstanden ist
3 Eiweiß	steif schlagen, nach und nach den Rest des Zuckers unterschlagen, den Schnee auf die Eigelbcreme geben
100 g Weizenmehl	mit
50 g Speisestärke	
3 g (1 gestrichener Teel.) Backpulver	mischen, darüber sieben, unter die Eigelbcreme ziehen (nicht rühren), den Teig etwa 1 cm dick auf ein gefettetes, mit Pergamentpapier belegtes Backblech streichen, an der offenen Seite des Blechs das Papier unmittelbar vor dem Teig zur Falte knicken, so daß ein Rand entsteht, sofort in den vorgeheizten Backofen schieben
Strom:	200 – 225
Gas:	3 – 4
Backzeit:	10 – 15 Minuten
	den Biskuit nach dem Backen sofort auf ein mit Zucker bestreutes Papier stürzen, das Pergamentpapier mit kaltem Wasser bestreichen, vorsichtig, aber schnell abziehen den Biskuit sofort gleichmäßig mit
250 – 375 g Konfitüre	bestreichen, von der kürzeren Seite her aufrollen, die Rolle mit
Puderzucker	bestäuben.

Makronenkuchen

	Für den Teig
200 g Butter oder Margarine	geschmeidig rühren, nach und nach
175 g Zucker	
1 Päckchen Vanillin-Zucker	
2 Eier	
2 Eigelb	
Salz	unterrühren
200 g Weizenmehl	mit
50 g Speisestärke	
3 g (1 gestrichener Teel.) Backpulver Backin	mischen, sieben, eßlöffelweise unterrühren den Teig in eine gefettete, mit Pergamentpapier ausgelegte

Kastenform (30 × 11 cm) füllen, in der Mitte des Teiges der Länge nach mit einem Löffel eine Vertiefung, etwa 4 cm tief und 4 cm breit, eindrücken

für die Füllung

2 Eiweiß steif schlagen, es muß so fest sein, daß ein Messerschnitt sichtbar bleibt, nach und nach

100 g Zucker
3 Tropfen Backöl Bittermandel unterschlagen

175 g gemahlene Mandeln (nicht abgezogen) vorsichtig unter den Eierschnee heben die Masse in die Teigvertiefung füllen

Strom: 150 – 185 (vorgeheizt)
Gas: 2 – 3 (nicht vorgeheizt)
Backzeit: 60 – 80 Minuten.

Rehrücken

(Abb. S. 157)

Für den Teig

100 g Butter geschmeidig rühren, nach und nach

150 g Zucker
4 Eier unterrühren

100 g Schokolade reiben, hinzufügen

50 g Weizenmehl mit

2 Päckchen Schokoladen-Pudding-Pulver
4½ g (1½ gestrichene Teel.) Backpulver mischen, sieben, eßlöffelweise unterrühren

evtl. 2 Eßl. Milch dazugeben (nur so viel Milch verwenden, daß der Teig schwer – reißend – vom Löffel fällt)

75 g abgezogene, gemahlene Mandeln oder Haselnußkerne zuletzt unter den Teig heben, ihn in eine gefettete Rehrückenform füllen

Strom: 175 – 200 (vorgeheizt)
Gas: 2 – 3 (nicht vorgeheizt)
Backzeit: 50 – 60 Minuten

für den Guß

125 g Puderzucker mit

30 g Kakao mischen, sieben, mit

etwa 1½ Eßl. heißem Wasser glattrühren, so daß eine dickflüssige Masse entsteht

25 g Kokosfett zerlassen, unterrühren, den erkalteten Kuchen damit bestreichen, mit

40 g Mandelsplittern spicken.

Sandkuchen

(Abb. S. 137)

	Für den Teig
250 g Butter	zerlassen, kalt stellen in das wieder etwas festgewordene Fett
200 g Zucker **1 Päckchen Vanillin-Zucker**	geben, so lange rühren, bis Fett und Zucker weißschaumig geworden sind, dann nach und nach
4 Eier, Salz **einige Tropfen Backöl Zitrone**	hinzugeben (jedes Ei etwa 2 Minuten unterrühren)
125 g Weizenmehl	mit
125 g Speisestärke **1½ g (½ gestrichener Teel.) Backpulver**	mischen, sieben, eßlöffelweise unterrühren den Teig in eine gefettete, mit Pergamentpapier ausgelegte Kastenform (30 × 11 cm) füllen
Strom:	165 – 185 (vorgeheizt)
Gas:	2 – 3 (nicht vorgeheizt)
Backzeit:	65 – 75 Minuten
	für den Guß
100 g Schokolade	in kleine Stücke brechen, mit
etwas Kokosfett	in einem kleinen Topf im Wasserbad bei schwacher Hitze zu einer geschmeidigen Masse verrühren, den erkalteten Kuchen damit überziehen.

Mandelbrot

	Für den Teig
125 g Speisequark	mit
2 Eßl. Milch **1 Ei** **Salz** **5 Eßl. Speiseöl** **60 g Zucker** **1 Päckchen Vanillin-Zucker**	verrühren
300 g Weizenmehl	mit
1 Päckchen Backpulver Backin	mischen, sieben, die Hälfte davon unterrühren, den Rest des Mehls unterkneten
	für die Füllung
175 g abgezogene, gemahlene Mandeln	durch die Mandelmühle geben, mit

100 g gesiebtem Puderzucker vermengen, noch zweimal durch die Mühle geben
1 Teel. Rosenwasser
2 Tropfen Backöl Bittermandel unterrühren, die Masse mit den Händen so verarbeiten, daß sie krümelt, sollten die Krümel kleben, sie eine Zeitlang kalt stellen
den Teig zu einem Rechteck von etwa 30 x 50 cm ausrollen (die kurze Rechteckseite muß der Länge der Kastenform entsprechen), dünn mit
Dosenmilch bestreichen, mit der Mandelmasse,
50 g gehackten Haselnußkernen bestreuen, alles etwas andrücken
den Teig von der kürzeren Seite her aufrollen, in die gefettete Kastenform (30 x 11 cm) füllen, die Rolle in einer Zickzacklinie etwa ½ cm tief einschneiden
Strom: 175 – 200 (vorgeheizt)
Gas: 2 – 3 (nicht vorgeheizt)
Backzeit: Etwa 45 Minuten.

Rodonkuchen

Für den Teig
200 g Butter geschmeidig rühren, nach und nach
200 g Zucker
1 Päckchen Vanillin-Zucker
4 Eier
Salz unterrühren
500 g Weizenmehl mit
1 Päckchen Backpulver Backin mischen, sieben, abwechselnd mit
gut 125 ml (⅛ l) Milch unterrühren (nur so viel Milch verwenden, daß der Teig schwer – reißend – vom Löffel fällt)
150 g Korinthen
150 g Rosinen
beide Zutaten verlesen, unter den Teig heben, ihn in eine gefettete Napfkuchenform (Durchmesser 22 cm) füllen
Strom: 175 – 200 (vorgeheizt)
Gas: 2 – 3 (nicht vorgeheizt)
Backzeit: 50 – 60 Minuten

für den Guß
200 g Puderzucker mit
30 g Kakao mischen, sieben, mit
etwa 3 Eßl. heißem Wasser glattrühren, so daß eine dickflüssige Masse entsteht
25 g Kokosfett zerlassen, unterrühren, den erkalteten Kuchen damit bestreichen.

Florentiner Törtchen

16 – 18 Stück

	Für den Teig
150 g Weizenmehl	auf die Tischplatte sieben, in die Mitte eine Vertiefung eindrücken
50 g Zucker	
1 Päckchen Vanillin-Zucker	
1 Ei	hineingeben, mit einem Teil des Mehls zu einem dicken Brei verarbeiten
75 g kalte Butter	in Stücke schneiden, auf den Brei geben, mit Mehl bedecken, von der Mitte aus alle Zutaten schnell zu einem glatten Teig verkneten, sollte er kleben, ihn eine Zeitlang kalt stellen
	den Teig etwa 3 mm dick ausrollen, runde Plätzchen (Durchmesser etwa 8 cm) ausstechen, auf ein gefettetes Backblech legen, im vorgeheizten Backofen hellgelb vorbacken
Strom:	200 – 225, **Gas:** 3 – 4
Backzeit:	5 – 7 Minuten
	für den Belag
50 g Butter	mit
100 g Zucker	
1 Päckchen Vanillin-Zucker	
2 Eßl. Honig	so lange erhitzen, bis die Masse leicht gebräunt ist
125 ml ($\frac{1}{8}$ l) Sahne	hinzufügen, rühren, bis der Zucker gelöst ist
100 g abgezogene, gehobelte Mandeln	
100 g in Scheiben geschnittene Haselnußkerne	
25 g in Stücke geschnittene Belegkirschen	dazugeben, so lange unter Rühren kochen lassen, bis die Masse gebunden ist
5 Tropfen Rum-Aroma	unterrühren
	die Masse mit 2 Teelöffeln auf die vorgebackenen Plätzchen verteilen, in den vorgeheizten Backofen schieben
Strom:	200 – 225, **Gas:** 3 – 4
Backzeit:	10 – 12 Minuten
	für den Guß
75 g dunkle Kuvertüre	in einem kleinen Topf im Wasserbad bei schwacher Hitze zu einer geschmeidigen Masse verrühren, die erkalteten Törtchen auf der Unterseite damit bestreichen.

Sandkuchen, Rezept S. 134

Elisenlebkuchen

	Für den Teig
2 Eier	schaumig schlagen, nach und nach
200 g Farinzucker oder Zucker	
1 Päckchen Vanillin-Zucker	hinzugeben, so lange schlagen, bis eine cremeartige Masse entstanden ist
1 Messerspitze gemahlene Nelken	
½ Fläschchen Rum-Aroma	
1 – 2 Tropfen Backöl Zitrone	
75 g feingewürfeltes Orangeat oder Zitronat (Sukkade)	
125 g gemahlene Mandeln	
1 Messerspitze Backpulver Backin	unterrühren, von
75 – 125 g gemahlenen Haselnußkernen*	nur so viel unterrühren, daß der Teig noch streichfähig ist auf jede Oblate von
etwa 40 Oblaten (Durchmesser etwa 6 cm)	einen gehäuften Teel. des Teiges geben, mit einem in Wasser getauchten Messer bergartig auf die Oblate streichen, auf ein Backblech legen, in den vorgeheizten Backofen schieben
Strom:	130 – 150
Gas:	1 – 2
Backzeit:	25 – 30 Minuten
	für den hellen Guß
150 g gesiebtem Puderzucker	mit
1 – 2 Eßl. heißem Wasser oder Zitronensaft	zu einer streichfähigen Masse verrühren
	für den dunklen Guß
75 g Schokolade	in kleine Stücke brechen, mit
10 g Kokosfett	in einem kleinen Topf im Wasserbad bei schwacher Hitze zu einer geschmeidigen Masse verrühren die Hälfte der Lebkuchen gleich nach dem Backen mit hellem, den Rest mit dunklem Guß bestreichen.

* die erforderliche Menge Haselnußkerne hängt von der Größe der Eier ab.

Butter- oder Zuckerkuchen, Rezept S. 144

Festtagsherz

	Für den Teig
75 g Butter oder Margarine	geschmeidig rühren, nach und nach
100 g Zucker 1 Päckchen Vanillin-Zucker 2 Eier Salz	unterrühren
125 g Weizenmehl	mit
30 g (3 gestrichene Eßl.) Speisestärke 3 g (1 gestr. Teel.) Backpulver Backin	mischen, sieben, eßlöffelweise unterrühren den Teig in eine gefettete Herzform (z. B. Dekoramik) füllen
Strom:	175 – 200 (vorgeheizt)
Gas:	3 – 4 (nicht vorgeheizt)
Backzeit:	Etwa 30 Minuten das Gebäck aus der Form stürzen, erkalten lassen, zweimal durchschneiden
	für den Guß
100 g Schokolade	in kleine Stücke brechen, mit
etwas Kokosfett	in einem kleinen Topf im Wasserbad bei schwacher Hitze zu einer geschmeidigen Masse verrühren, den oberen Boden damit bestreichen
50 g Marzipan-Rohmasse	mit
30 g gesiebtem Puderzucker	verkneten, ausrollen, in der Größe des Herzens ausschneiden den mittleren Herzboden mit
1 Eßl. Johannisbeer-Konfitüre	bestreichen, die Marzipanplatte darauf legen, etwas andrücken
	für die Füllung aus
1 Päckchen Vanille-Dessert 375 ml (3/8 l) kalter Milch	eine Creme nach Vorschrift zubereiten
150 g Butter oder Margarine	geschmeidig rühren, die Creme nach und nach eßlöffelweise unterrühren, 2 Eßl. von der Creme in einen Spritzbeutel mit gezackter Tülle füllen den unteren Boden mit gut 1/3 der Creme bestreichen, den mittleren darauf legen, ebenfalls bestreichen, mit der restlichen Creme den Herz-Rand bestreichen, den mit Guß bestrichenen Boden auf den mittleren Boden legen den hellen Herz-Rand mit

geraspelter Schokolade	bestreuen die Herzoberfläche mit der Creme aus dem Spritzbeutel verzieren, mit geraspelter Schokolade,
Zuckerblumen	garnieren.

Gundula-Kranz

	Für den Teig
200 g Speisequark	mit
6 Eßl. Milch	
1 Ei	
8 Eßl. (125 ml) Speiseöl	
100 g Zucker	
1 Päckchen Vanillin-Zucker	
Salz	verrühren
400 g Weizenmehl	mit
1 Päckchen und 6 g (2 gestrichene Teel.) Backpulver Backin	mischen, sieben, die Hälfte davon unterrühren, den Rest des Mehls unterkneten, den Teig (sollte er etwas weich sein, noch bis 50 g Mehl unterkneten) zu einem Rechteck von etwa 50 x 55 cm ausrollen, mit
50 g weicher Butter	bestreichen, in der Mitte der Länge nach durchschneiden
	für die Füllung
150 g Rosinen	verlesen, mit
100 g gewürfeltem Zitronat (Sukkade)	
100 g abgezogenen, gehackten Mandeln	
50 g Zucker	
1 Päckchen Vanillin-Zucker	
1 gestrichenen Teel. gemahlenem Zimt	
1 Fläschchen Rum-Aroma	
3 Tropfen Backöl Bittermandel	mischen, so auf die Teigstücke streuen, daß an der durchgeschnittenen Seite je 2 cm frei bleiben jede Teighälfte von der längeren Seite her von außen nach innen aufrollen, die beiden Rollen umeinanderschlingen, als Kranz auf ein gefettetes Backblech legen, mit
Dosenmilch	bestreichen, die aufliegenden Rollen etwa 1 cm tief einschneiden
Strom:	175 – 200 (vorgeheizt)
Gas:	5 Minuten vorheizen 3 – 4, backen 3 – 4
Backzeit:	Etwa 30 Minuten.

Kaiserkuchen

	Für den Knetteig
250 g Weizenmehl	mit
3 g (1 gestrichener Teel.) Backpulver Backin	mischen, auf die Tischplatte sieben, in die Mitte eine Vertiefung eindrücken
75 g Zucker	
1 Päckchen Vanillin-Zucker	
2 Eßl. Milch oder Wasser	hineingeben, mit einem Teil des Mehls zu einem dicken Brei verarbeiten
125 g kalte Butter oder Margarine	in Stücke schneiden, auf den Brei geben, mit Mehl bedecken, von der Mitte aus alle Zutaten schnell zu einem glatten Teig verkneten, sollte er kleben, ihn eine Zeitlang kalt stellen gut ⅓ des Teiges auf dem Boden einer gefetteten Springform (Durchmesser etwa 28 cm) ausrollen, aus gut der Hälfte des restlichen Teiges eine Platte in der Größe der Springform ausrollen, daraus 16 – 20 gleichmäßig breite Streifen rädern, aus dem Rest des Teiges eine Rolle formen, sie als Rand auf den Boden legen, so an die Form drücken, daß ein gut 3 cm hoher Rand entsteht
	für den Biskuitteig
6 Eigelb	etwas anschlagen, nach und nach ⅔ von
200 g Zucker	mit
1 Päckchen Vanillin-Zucker	hinzugeben, so lange schlagen, bis eine cremeartige Masse entstanden ist
1 Fläschchen Arrak- oder Rum-Aroma	unterrühren
6 Eiweiß	steif schlagen, nach und nach den Rest des Zuckers unterschlagen, den Schnee auf die Eigelbcreme geben
250 g Weizenmehl	mit
3 g (1 gestrichener Teel.) Backpulver Backin	mischen, darüber sieben
100 g abgezogene, gehackte Mandeln	
150 – 200 g verlesene Rosinen	
100 g gewürfeltes Zitronat (Sukkade)	darauf streuen, alles unter die Eigelbcreme ziehen (nicht rühren), dabei nach und nach
125 g zerlassene, abgekühlte Butter	dazugeben, in die mit Knetteig ausgelegte Springform füllen, glattstreichen, die Teigstreifen gitterförmig darauf legen
Strom:	175 – 200 (vorgeheizt)
Gas:	2 – 3 (nicht vorgeheizt)
Backzeit:	65 – 80 Minuten.

Schichtkuchen, gegrillt

	Für den Teig
250 g Butter	
oder Margarine	geschmeidig rühren, nach und nach
250 g Zucker	
1 Päckchen Vanillin-Zucker	
2 Eier	
4 Eigelb	
1 – 2 Eßl. Rum	unterrühren
150 g Weizenmehl	mit
100 g Speisestärke	
9 g (3 gestrichene Teel.) Backpulver Backin	mischen, sieben, eßlöffelweise unterrühren
4 Eiweiß	steif schlagen, zuletzt unter den Teig heben
	den gefetteten Boden einer Kastenform (30 x 11 cm) mit Pergamentpapier auslegen, 1 gut gehäuften Eßl. Teig gleichmäßig mit einem Pinsel darauf streichen
	die Form auf dem Rost in den Backofen schieben (Abstand zwischen Grill und Teigschicht etwa 20 cm)
	die Teigschicht unter dem vorgeheizten Grill hellbraun backen
Grillzeit	
Strom:	Etwa 2 Minuten
Gas:	Etwa 2 Minuten
	als zweite Schicht wieder 1 – 2 Eßl. Teig auf die gebackene Schicht streichen, die Form wieder unter den Grill schieben
	auf diese Weise den ganzen Teig verarbeiten (die Einschubhöhe nach Möglichkeit so verändern, daß der Abstand von etwa 20 cm zwischen Grill und Teigschicht bestehen bleibt)
	den fertigen Kuchen mit einem Messer vorsichtig vom Rand der Form lösen, auf ein Backblech stürzen, das Papier abziehen, sofort noch etwa 5 Minuten in den heißen Backofen schieben
	den Schichtkuchen erkalten lassen, die Seiten etwas glattschneiden
	für den Guß
100 g Schokolade	in kleine Stücke brechen, mit
25 g Kokosfett	in einem kleinen Topf im Wasserbad bei schwacher Hitze zu einer geschmeidigen Masse verrühren, den Kuchen damit überziehen.
Tip:	Für Kleingebäck den Schichtkuchen nach dem Erkalten längs halbieren, von allen Seiten mit Schokoladenguß bestreichen, vor dem Servieren in dünne Scheiben schneiden. Schichtkuchen mit Schokoladenglasur kann 3 – 4 Wochen aufbewahrt werden. Dazu das Gebäck in Alufolie wickeln, kühl und trocken lagern.

Butter- oder Zuckerkuchen

(Abb. S. 138)

	Für den Teig
150 g Speisequark	mit
6 Eßl. Milch	
Salz, 6 Eßl. Speiseöl	
75 g Zucker	
1 Päckchen Vanillin-Zucker	verrühren
300 g Weizenmehl	mit
1 Päckchen Backpulver Backin	mischen, sieben, die Hälfte unterrühren, den Rest unterkneten
75 g Rosinen	verlesen, unter den Teig kneten, ihn auf einem gefetteten Backblech ausrollen
	für den Belag
100 – 125 g Butter	in Flöckchen gleichmäßig auf den Teig legen oder zerlassen darauf streichen
75 g Zucker	mit
1 Päckchen Vanillin-Zucker	mischen, darüber streuen
50 g abgezogene, gehobelte Mandeln	gleichmäßig darüber verteilen, einen mehrfach umgeknickten Streifen Alufolie vor den Teig legen
Strom:	175 – 200 (vorgeheizt)
Gas:	5 Minuten vorheizen 3 – 4, backen 3 – 4
Backzeit:	Etwa 20 Minuten.

Berliner

500 g Weizenmehl	in eine Schüssel sieben, mit
1 Päckchen Trocken-Hefe	sorgfältig vermischen
30 g Zucker	
1 Päckchen Vanillin-Zucker	
3 Tropfen Backöl Bittermandel	
1 gestr. Teel. Salz	
100 g zerlassene, lauwarme Butter	
2 Eier, 1 Eigelb	
125 ml (⅛ l) lauwarme Milch	hinzufügen, alles mit einem elektrischen Handrührgerät mit Knethaken zuerst auf der niedrigsten, dann auf der höchsten Stufe in etwa 5 Minuten zu einem Teig verarbeiten, sollte er

	kleben, noch etwas Mehl hinzufügen (aber nicht zu viel, Teig muß weich bleiben)
	den Teig an einem warmen Ort so lange stehenlassen, bis er etwa doppelt so hoch ist, ihn dann auf der höchsten Stufe nochmals gut durchkneten
	den Teig etwa ½ cm dick ausrollen, auf der einen Teighälfte mit einem Metallring (Durchmesser 5 – 7 cm) Kreise leicht andeuten, den Rand dieser Kreise dünn mit
Eiweiß	bestreichen, in die Mitte
Konfitüre	legen, die leere Teighälfte darüber klappen, den Teig ausstechen, die Teigränder gut zusammendrücken
	die Teigbällchen auf ein mit
Weizenmehl	bestäubtes Backbrett legen, nochmals an einem warmen Ort so lange stehenlassen, bis sie etwa doppelt so hoch sind
	die Bällchen schwimmend in siedendem
Ausbackfett	auf beiden Seiten backen, mit einem Schaumlöffel herausnehmen, auf einem Kuchenrost abtropfen lassen, in
Zucker	wälzen.

Festtagskranz

	Für den Teig
250 g Butter oder Margarine	geschmeidig rühren, nach und nach
250 g Zucker 5 Eier Salz 3 Tropfen Backöl Bittermandel 4 Tropfen Backöl Zitrone	hinzugeben
300 g Weizenmehl	mit
50 g Speisestärke 9 g (3 gestrichene Teel.) Backpulver Backin	mischen, sieben, eßlöffelweise unterrühren
200 g abgezogene, gemahlene Mandeln	zuletzt unter den Teig heben, in die gefettete Zopf-Kranzform füllen
Strom:	175 – 200 (vorgeheizt)
Gas:	2 – 3 (nicht vorgeheizt)
Backzeit:	50 – 60 Minuten
	zum Verzieren nach Belieben
gesiebten Puderzucker	mit so viel
Eiweiß	verrühren, bis ein spritzfähiger Guß entstanden ist, die Masse in ein Pergamentpapiertütchen füllen, von der Tüte eine Spitze abschneiden, den erkalteten Kuchen damit verzieren, mit
Liebesperlen	garnieren.

Königskuchen

(Abb. S. 147)

250 Butter	geschmeidig rühren, nach und nach
200 g Zucker	
1 Päckchen Vanillin-Zucker	
5 Eier	
Salz	
1 Fläschchen Rum-Aroma	unterrühren
500 g Weizenmehl	mit
12 g (4 gestrichene Teel.) Backpulver Backin	mischen, sieben, abwechselnd mit
knapp 125 ml (⅛ l) Milch	unterrühren (nur so viel Milch verwenden, daß der Teig schwer – reißend – vom Löffel fällt)
150 g Korinthen	
250 g Rosinen	verlesen
125 g gewürfeltes Zitronat (Sukkade)	
	die Zutaten zuletzt unter den Teig heben, ihn in eine gefettete, mit Pergamentpapier ausgelegte Kastenform (35 × 11 cm) füllen
Strom:	Etwa 175 (vorgeheizt), **Gas:** 2 – 3 (nicht vorgeheizt)
Backzeit:	80 – 100 Minuten.

Zimtkuchen

250 g Butter oder Margarine	geschmeidig rühren, nach und nach
250 g Zucker	
1 Päckchen Vanillin-Zucker	
4 Eier	
4 Tropfen Backöl Zitrone	
1 gehäuften Teel. gemahlenen Zimt	unterrühren
250 Weizenmehl	mit
9 g (3 gestrichene Teel.) Backpulver Backin	mischen, sieben, eßlöffelweise unterrühren
125 g verlesene Korinthen	
125 g verlesene Rosinen	
125 g gemahlene Mandeln	unter den Teig heben, ihn in eine gefettete Napfkuchenform (Durchmesser 22 cm) füllen
Strom:	165 – 175 (vorgeheizt), **Gas:** 2 – 3 (nicht vorgeheizt)
Backzeit:	70 – 80 Minuten.

Apfelsinenkuchen

(Abb. S. 148)

	Für den Teig
375 g Margarine	geschmeidig rühren, nach und nach
300 g Zucker	
2 Päckchen Vanillin-Zucker	
6 Eier	
abgeriebene Schale von 1 großen Apfelsine (unbehandelt)	
1 Eßl. Apfelsinensaft	unterrühren
250 g Weizenmehl	mit
125 g Speisestärke	
6 g (2 gestrichene Teel.) Backpulver Backin	mischen, sieben, unterrühren, zuletzt
75 g abgezogene, gemahlene Mandeln	unterheben, den Teig in eine gefettete Napfkuchenform (Durchmesser 22 cm) füllen
Strom:	150 – 175 (vorgeheizt), **Gas:** 2 – 3 (nicht vorgeheizt)
Backzeit:	75 – 85 Minuten
	für den Guß
200 g gesiebten Puderzucker	mit
3 Eßl. Apfelsinensaft	zu einer dickflüssigen Masse verrühren den erkalteten Kuchen damit überziehen.

Mandelsplitterkuchen

200 g Butter	geschmeidig rühren, nach und nach
200 g Zucker	
1 Päckchen Vanillin-Zucker	
abgeriebene Schale und Saft von ½ Zitrone (unbehandelt)	
1 – 2 Eßl. Rum	
Salz, 4 Eier	unterrühren
200 g Weizenmehl	mit
4 g (1½ gestrichene Teel.) Backpulver	mischen, sieben, eßlöffelweise unterrühren den Teig in eine gut gefettete, mit einem Teil von
80 g Mandelsplittern	ausgestreute Kastenform füllen, mit den restlichen Mandelsplittern bestreuen
Strom:	175 – 200, **Gas:** 3 – 4
Backzeit:	Etwa 50 Minuten.

Omas Nußkuchen

	Für den Teig
150 g Haselnußkerne	mahlen, auf einem Backblech im Backofen leicht rösten
100 g Haselnußkerne	fein hacken
275 g Butter oder Margarine	geschmeidig rühren, nach und nach
175 g Zucker	
1 Päckchen Vanillin-Zucker	
4 Eier	unterrühren
200 g Weizenmehl	mit
3 g (1 gestrichener Teel.) Backpulver Backin	mischen, sieben, eßlöffelweise unterrühren die Haselnußkerne unter den Teig heben, ihn in eine gefettete, mit Pergamentpapier ausgelegte Kastenform (30 x 11 cm) füllen
Strom:	165 – 185 (vorgeheizt)
Gas:	2 – 3 (nicht vorgeheizt)
Backzeit:	60 – 75 Minuten in den heißen Kuchen mehrmals mit einem Holzstäbchen stechen, ihn von allen Seiten mit
5 Eßl. Rum	bestreichen
	zum Aprikotieren
4 Eßl. Aprikosen-Konfitüre	durch ein Sieb streichen, mit
3 Eßl. Wasser	verrühren, einmal aufkochen lassen, den Kuchen damit bestreichen, gut auskühlen lassen
	für den Guß
100 g Schokolade	in kleine Stücke brechen, mit
etwas Kokosfett	in einem kleinen Topf im Wasserbad bei schwacher Hitze zu einer geschmeidigen Masse verrühren, den erkalteten Kuchen damit überziehen.

Echte Nürnberger Lebkuchen

	Für den Teig
2 kleine Eier	mit
125 g Zucker	schaumig schlagen, nach und nach
1 Prise Muskatnuß	
½ Teel. gemahlene Nelken	
½ Teel. gemahlenen Zimt	
2 Tropfen Backöl Bittermandel	

einige Tropfen Rum-Aroma einige Tropfen Backöl Zitrone	unterrühren
125 g gemahlene Mandeln 125 g abgezogene, gehackte Mandeln 125 g feingewürfeltes Zitronat (Sukkade)	unter die Eiermasse rühren, den Teig fingerdick auf
Oblaten (Durchmesser etwa 6 cm)	verstreichen oder als flache Häufchen auf ein gefettetes Backblech setzen, in den vorgeheizten Backofen schieben
Strom:	Etwa 180
Gas:	Etwa 3
Backzeit:	Etwa 20 Minuten
	für den Guß
150 g Puderzucker	sieben, mit
2 – 3 Eßl. heißem Wasser	zu einer dickflüssigen Masse verrühren, die noch warmen Lebkuchen damit bestreichen.

Marzipankuchen

	Für den Teig
200 g Marzipan-Rohmasse	geschmeidig rühren
200 g Butter	hinzufügen, geschmeidig rühren, nach und nach
100 g Zucker 1 Päckchen Vanillin-Zucker 4 Eier 2 Tropfen Backöl Bittermandel	unterrühren
250 g Weizenmehl	mit
75 g Speisestärke 3 g (1 gestrichener Teel.) Backpulver	mischen, sieben, eßlöffelweise unterrühren den Teig in eine gefettete, mit Pergamentpapier ausgelegte Kastenform (30 × 11 cm) füllen
Strom:	150 – 175 (vorgeheizt)
Gas:	2 – 3 (nicht vorgeheizt)
Backzeit:	Etwa 65 Minuten
	für den Guß
100 g Schokolade	in kleine Stücke brechen, mit
etwas Kokosfett	in einem kleinen Topf im Wasserbad bei schwacher Hitze zu einer geschmeidigen Masse verrühren den erkalteten Kuchen mit dem Guß überziehen.

Nuß- oder Mandelkranz

	Für den Teig
150 g Speisequark	mit
6 Eßl. Milch	
6 Eßl. Speiseöl	
75 g Zucker	
1 Päckchen Vanillin-Zucker	
Salz	verrühren
300 g Weizenmehl	mit
1 Päckchen Backpulver Backin	mischen, sieben, die Hälfte davon unter den Quark rühren, den Rest des Mehls unterkneten den Teig zu einem Rechteck von etwa 35 x 45 cm ausrollen
	für die Füllung
200 g gemahlene Haselnußkerne oder 200 g gemahlene Mandeln	mit
100 g Zucker	
4 – 5 Tropfen Backöl Bittermandel	
1 Eiweiß	
½ Eigelb	
3 – 4 Eßl. Wasser	verrühren, so daß eine geschmeidige Masse entsteht, mit einem Teigschaber auf die Teigplatte streichen, von der längeren Seite her aufrollen, als Kranz auf ein gefettetes Backblech legen
½ Eigelb	
1 Eßl. Milch	verschlagen, den Kranz damit bestreichen, etwa ½ cm tief sternförmig einschneiden
Strom:	175 – 200
Gas:	3 – 4
Backzeit:	30 – 40 Minuten.

Back-Tip: Wenn Quark-Ölteig zu weich wird, liegt es daran, daß der Quark zu feucht ist. Der im Handel angebotene Quark hat eine unterschiedliche Feuchtigkeit. Deshalb sollte der Quark vor der Teigzubereitung einige Zeit auf einem Sieb abtropfen oder in einem Mulltuch ausgepreßt werden, damit er möglichst trocken wird. Auf keinen Fall sollte noch Mehl in den Teig gegeben werden, da daß Gebäck dann nicht genügend aufgeht.
Quark-Ölteig-Gebäcke sollten nicht zu lange backen, weil sie dadurch trocken werden. Wie auch Hefeteig-Gebäcke schmecken sie frisch am besten.

Festliche Torten

Mandeltorte

	Für den Teig
5 Eigelb	mit
4 Eßl. Apfelsinensaft	schaumig schlagen, nach und nach ⅔ von
175 g Zucker	und
1 Päckchen Vanillin-Zucker abgeriebene gelbe Schale 1 Apfelsine (unbehandelt)	hineingeben, so lange schlagen, bis eine cremeartige Masse entstanden ist
5 Eiweiß	steif schlagen, es muß so fest sein, daß ein Messerschnitt sichtbar bleibt, nach und nach den Rest des Zuckers unterschlagen, den Schnee auf die Eigelbcreme geben
50 g Weizenmehl	mit
50 g Speisestärke 3 g (1 gestrichener Teel.) Backpulver Backin	mischen, darüber sieben
300 g abgezogene, gemahlene, leicht geröstete Mandeln	darüber streuen, vorsichtig unter die Eigelbcreme ziehen (nicht rühren) den Teig in eine gefettete, mit Pergamentpapier ausgelegte Springfom (Durchmesser etwa 26 cm) füllen, sofort backen
Strom:	175 – 200, **Gas:** 3 – 4
Backzeit:	Etwa 40 Minuten den Tortenboden gut auskühlen lassen *für den Krokant*
1 Messerspitze Butter 25 g (1 gut gehäufter Eßl.) Zucker	unter Rühren erhitzen, bis der Zucker schwach gebräunt ist
50 g abgezogene, gehackte Mandeln	hinzufügen, unter Rühren erhitzen, bis die Krokantmasse genug gebräunt ist, auf eine geölte Platte geben, erkalten lassen, in kleine Stücke zerstoßen *zum Garnieren*
1 Eßl. Speiseöl	in einer kleinen Pfanne erhitzen
100 g abgezogene, halbierte Mandeln	hinzugeben, unter häufigem Wenden leicht bräunen, abkühlen, abtropfen lassen (am besten auf Küchenpapier) *für die Füllung* eine Vanille-Buttercreme nach der Vorschrift auf der Packung zubereiten aus
1 Packung Torten-Creme-Pulver Vanille-Geschmack 300 ml Milch 200 g Butter oder Margarine	

1 Päckchen Vanillin-Zucker	
	den Tortenboden einmal durchschneiden, den unteren Boden zuerst mit
2 gehäuften Eßl. Apfelsinenmarmelade	bestreichen, dann mit etwa der Hälfte der Creme bestreichen den oberen Boden darauf legen, Rand und obere Seite der Torte mit der restlichen Creme bestreichen, den Rand mit dem Krokant bestreuen die Torte mit den Mandelhälften garnieren, kalt stellen.

Sachertorte

	Für den Teig
6 Eigelb	mit
2 Eßl. warmem Wasser	schaumig schlagen, nach und nach ⅔ von
175 g Zucker	mit
1 Päckchen Vanillin-Zucker	dazugeben, so lange schlagen, bis eine cremeartige Masse entstanden ist
6 Eiweiß	steif schlagen, nach und nach den Rest des Zuckers unterschlagen, den Schnee auf die Eigelbcreme geben
100 g Weizenmehl	mit
2 Päckchen Pudding-Pulver für Schokoladen-Pudding, z. B. Gala	
50 g Kakao	
6 g (2 gestrichene Teel.) Backpulver Backin	mischen, darüber sieben, unter die Eigelbcreme ziehen (nicht rühren), dabei nach und nach
150 g zerlassene, abgekühlte Butter	dazugeben, den Teig in eine mit Pergamentpapier ausgelegte Springform (Durchmesser etwa 26 cm) füllen, sofort backen
Strom:	175 – 200
Gas:	3 – 4
Backzeit:	35 – 45 Minuten den Tortenboden gut auskühlen lassen, einmal durchschneiden, mit ⅔ von
200 g Aprikosen-Konfitüre	füllen, Rand und obere Seite der Torte dünn und gleichmäßig mit der restlichen Konfitüre bestreichen
	für den Guß
100 g Schokolade	in kleine Stücke brechen, mit
etwas Kokosfett	in einem kleinen Topf im Wasserbad bei schwacher Hitze zu einer geschmeidigen Masse verrühren, die Torte gleichmäßig damit überziehen.

Feine Schokoladentorte

	Für den Teig
150 g Butter	geschmeidig rühren, nach und nach
75 g Zucker	
1 Päckchen Vanillin-Zucker	
150 g aufgelöste zartbittere Schokolade	
2 Eier	
4 Eigelb	unterrühren
150 g Weizenmehl	mit
15 – 25 g Kakao	
3 g (1 gestrichener Teel.) Backpulver Backin	mischen, sieben, eßlöffelweise unterrühren
4 Eiweiß	steif schlagen, der Schnee muß so fest sein, daß ein Messerschnitt sichtbar bleibt
75 g Zucker	nach und nach unterschlagen, den Schnee vorsichtig unter den Teig heben, in eine Springform (Durchmesser etwa 28 cm, Boden gefettet, mit Pergamentpapier belegt) füllen, glattstreichen
Strom:	175 – 200 (vorgeheizt)
Gas:	2 – 3 (nicht vorgeheizt)
Backzeit:	Etwa 40 Minuten den Tortenboden stürzen, gut auskühlen lassen, einmal durchschneiden den unteren Boden mit
2 – 3 Eßl. Johannisbeergelee	bestreichen, mit dem oberen Boden bedecken, Rand und obere Seite der Torte gleichmäßig mit
2 – 3 Eßl. Johannisbeergelee	bestreichen
	für den Guß
100 g zartbittere Schokolade	in kleine Stücke brechen, mit
5 Eßl. Sahne	in einem kleinen Topf im Wasserbad bei schwacher Hitze zu einer geschmeidigen Masse verrühren, die Torte damit überziehen.

Back-Tip: Um Tortenböden in gleichmäßig dicke Schichten zu teilen, den Rand vorher mit einem spitzen Messer ringsum etwa 1 cm tief einschneiden, dann einen Zwirnsfaden in die Einschnitte legen, die Enden des Fadens über Kreuz legen und fest anziehen.

Rehrücken, Rezept S. 133

Himmelstorte

(Abb. S. 158)

	Für den Teig
250 g Butter oder Margarine	geschmeidig rühren, nach und nach
200 g Zucker **1 Päckchen Vanillin-Zucker** **4 Eigelb** **Salz**	unterrühren
250 g Weizenmehl	mit
6 g (2 gestrichene Teel.) Backpulver Backin	mischen, sieben, eßlöffelweise unterrühren
	für den Belag
4 Eiweiß	steif schlagen für 4 Böden jeweils 2 Eßl. des Teiges auf einen gefetteten Springformboden (Durchmesser etwa 28 cm) streichen (darauf achten, daß die Teiglage am Rand nicht zu dünn ist, damit der Boden dort nicht zu dunkel wird) ¼ von dem steifgeschlagenen Eierschnee gleichmäßig auf jedem Boden verteilen
50 g Zucker	mit
1 Päckchen Vanillin-Zucker **1 gestrichenen Teel. gemahlenem Zimt**	mischen, ¼ davon und ¼ von
100 g abgezogenen, gehobelten oder gestiftelten Mandeln	auf jeden Teigboden streuen, jeden Boden ohne Springformrand im vorgeheizten Backofen backen, bis er hellbraun ist
Strom:	175 – 200
Gas:	3 – 4
Backzeit:	15 – 20 Minuten die Böden sofort nach dem Backen vom Springformboden lösen
	für die Füllung
500 g Johannisbeertrauben	waschen, gut abtropfen lassen, abstreifen, mit
125 g gesiebtem Puderzucker	bestreuen
500 ml (½ l) Schlagsahne	½ Minute schlagen
3 Päckchen Sahnesteif	einstreuen, die Sahne steif schlagen, die Johannisbeeren unter die Sahne heben, die einzelnen Böden mit der Füllung bestreichen, zu einer Torte zusammensetzen, die oberste Schicht muß aus einem Boden bestehen.

Zitronen-Schoko-Torte

	Für den Teig
300 g Weizenmehl	mit
6 g (2 gestrichene Teel.) Backpulver Backin	
10 g Back-Kakao	mischen, auf die Tischplatte sieben, in die Mitte eine Vertiefung eindrücken
175 g Zucker	
1 Päckchen Vanillin-Zucker	
1 Ei	hineingeben, mit einem Teil des Mehls zu einem dicken Brei verarbeiten
175 g kalte Butter	in Stücke schneiden, auf den Teigbrei geben, mit
200 g gemahlenen Haselnußkernen	bedecken, von der Mitte aus alle Zutaten schnell zu einem glatten Teig verkneten, sollte er kleben, ihn eine Zeitlang kalt stellen
	aus dem Teig 4 Böden herstellen
	dazu jeweils ¼ des Teiges auf einem kantenlosen gefetteten Springformboden (Durchmesser etwa 28 cm) ausrollen, jeden Boden ohne Springformrand im vorgeheizten Backofen backen
Strom:	175 – 200, **Gas:** 3 – 4
Backzeit:	Je Boden 10 – 15 Minuten
	sofort nach dem Backen die Böden vom Springformboden lösen, einen davon in 16 Stücke schneiden, erkalten lassen
	für den Guß
50 g Schokolade	in kleine Stücke brechen, mit
10 g Kokosfett	in einem kleinen Topf im Wasserbad bei schwacher Hitze zu einer geschmeidigen Masse verrühren, die 16 Tortenstücke auf einer Seite gleichmäßig damit bestreichen
	für die Füllung
3 gestrichene Teel. Gelatine gemahlen, weiß	mit
3 Eßl. kaltem Wasser	in einem kleinen Topf anrühren, 10 Minuten zum Quellen stehenlassen
1 Zitrone (unbehandelt)	mit heißem Wasser abwaschen, abtrocknen, die Zitronenschale mit den Ecken von
5 Stück Würfelzucker	abreiben
	die gequollene Gelatine mit dem Würfelzucker unter Rühren erwärmen, bis alles gelöst ist
7 Eßl. Zitronensaft	hinzufügen
750 ml (¾ l) Schlagsahne	fast steif schlagen, die lauwarme Gelatinelösung hinzufügen, die Sahne vollkommen steif schlagen
150 g Puderzucker	sieben, vorsichtig unterheben, einen Teil der Sahne in einen Spritzbeutel füllen, einen der gebackenen Böden so einteilen, daß 16 Stücke von der Mitte aus zum Rand mit

„Sahnetütchen“ bespritzt werden können, die beiden übrigen Böden mit der restlichen Sahne bestreichen (nach Belieben bespritzen), aufeinandersetzen, mit dem verzierten Boden bedecken
die mit Guß bestrichenen Tortenstückchen jeweils an ein „Sahnetütchen“ schräg gesteckt anlehnen, so daß eine fächerartige Garnierung entsteht.

Mokka-Sahnetorte

	Für den Teig
2 Eigelb	mit
2 – 3 Eßl. warmem Wasser*	schaumig schlagen, nach und nach ⅔ von
100 g Zucker	mit
1 Päckchen Vanillin-Zucker	dazugeben, so lange schlagen, bis eine cremeartige Masse entstanden ist
2 Eiweiß	steif schlagen, nach und nach den Rest des Zuckers unterschlagen, den Schnee auf die Eigelbcreme geben
75 g Weizenmehl	mit
50 g Speisestärke	
3 g (1 gestrichener Teel.) Backpulver Backin	mischen, darüber sieben, unter die Eigelbcreme ziehen (nicht rühren), den Teig in eine mit Pergamentpapier ausgelegte Springform (Durchmesser etwa 26 cm) füllen, sofort backen
Strom:	175 – 200, **Gas:** 3 – 4
Backzeit:	20 – 30 Minuten
	den Tortenboden gut auskühlen lassen
	für die Füllung
2 schwach gehäufte Teel. Kaffee-Extraktpulver	mit 2 Eßl. von
750 ml (¾ l) Schlagsahne	anrühren, die übrige Sahne 1 Minute schlagen
75 – 100 g Puderzucker	sieben, mit
3 Päckchen Sahnesteif	
1 Päckchen Vanillin-Zucker	mischen, einstreuen, die Sahne steif schlagen, das Kaffee-Extraktpulver unterrühren den Tortenboden einmal durchschneiden, den unteren Boden mit ⅔ der Mokkasahne bestreichen, den oberen darauf legen, gut andrücken, Rand und obere Seite der Torte gleichmäßig mit etwas von der zurückgelassenen Sahne bestreichen, den Rand mit
Schokoladenstreuseln	bestreuen, die Torte mit der restlichen Sahne verzieren, mit
12 Mokkabohnen	garnieren.

*Bei großen Eiern die kleinere, bei kleinen Eiern die größere Wassermenge nehmen.

Orangenlikör-Torte

	Für den Teig
3 Eigelb	mit
3 – 4 Eßl. warmem Wasser	schaumig schlagen, nach und nach ⅔ von
125 g Zucker	mit
1 Päckchen Vanillin-Zucker	dazugeben, so lange schlagen, bis eine cremeartige Masse entstanden ist
3 Eiweiß	steif schlagen, nach und nach den Rest des Zuckers unterschlagen, den Schnee auf die Eigelbcreme geben
75 g Weizenmehl	mit
75 g Speisestärke	
6 g (2 gestrichene Teel.) Backpulver Backin	mischen, darüber sieben, unter die Eigelbcreme ziehen (nicht rühren), dabei nach und nach
75 g zerlassene, abgekühlte Butter	dazugeben die Hälfte des Teiges in eine Springform (Durchmesser etwa 28 cm, Boden gefettet, mit Pergamentpapier belegt) füllen, sofort backen
Strom:	175 – 200 (vorgeheizt), **Gas:** 3 – 4 (nicht vorgeheizt)
Backzeit:	15 – 20 Minuten unter den restlichen Teig
1 gestrichenen Eßl. Kakao	rühren, ihn wie den hellen Teig backen die Tortenböden gut auskühlen lassen
	für die Füllung
1 Päckchen Gelatine gemahlen, weiß	mit
4 Eßl. kaltem Wasser	in einem kleinen Topf verrühren, 10 Minuten zum Quellen stehenlassen
375 ml (⅜ l) Milch	zum Kochen bringen
1 Päckchen Pudding-Pulver Vanille-Geschmack	
75 g Zucker	mischen, mit
125 ml (⅛ l) Orangenlikör	anrühren, unter Rühren in die von der Kochstelle genommene Milch geben, kurz aufkochen lassen, die gequollene Gelatine (½ Teel. zurücklassen) in den noch heißen Pudding geben, so lange rühren, bis sie gelöst ist, den Pudding kalt stellen, ab und zu durchrühren
500 g Aprikosen (aus der Dose)	abtropfen lassen einige Aprikosen in 16 Scheiben schneiden (zum Garnieren zurücklassen), die übrigen in kleine Stücke schneiden, auf dem dunklen Boden verteilen die zurückgelassene Gelatine unter Rühren erwärmen, bis sie

	gelöst ist, die Aprikosenscheiben damit bestreichen
500 ml (½ l) Schlagsahne	steif schlagen, unter den erkalteten, aber noch nicht vollkommen fest gewordenen Pudding heben gut 4 Eßl. der Creme in einen Spritzbeutel mit Sterntülle füllen gut die Hälfte der restlichen Creme auf die Aprikosen verteilen, den hellen Boden darauf legen, gut andrücken Rand und obere Seite der Torte mit der restlichen Creme bestreichen, den Rand mit
75 g Krokant	bestreuen die obere Seite mit der Creme aus dem Spritzbeutel verzieren, mit Krokant und den Aprikosenscheiben garnieren.

Wiener Sandtorte

	Für den Teig von
6 Eiern	2 Teel. Eiweiß abnehmen, zugedeckt aufbewahren die Eier mit einem elektrischen Handrührgerät auf höchster Stufe mit
375 g feinkörnigem Zucker	(eßlöffelweise hinzufügen)
2 Päckchen Vanillin-Zucker	1½ – 2 Minuten schlagen
2 Eßl. Wasser	hinzugeben
175 g Weizenmehl **175 g Speisestärke** **4½ g (1½ gestrichene Teel.) Backpulver Backin**	mischen, sieben, eßlöffelweise unterrühren
375 g zerlassene Butter	heiß (aber nicht kochend) vorsichtig unterrühren den Teig in eine gefettete Springform (Durchmesser etwa 28 cm) füllen
Strom:	150 – 175 (vorgeheizt)
Gas:	2 – 3 (nicht vorgeheizt)
Backzeit:	60 – 85 Minuten die Torte auf einen Kuchenrost stürzen, etwas abkühlen lassen *zum Aprikotieren*
3 gehäufte Eßl. Aprikosen-Konfitüre	durch ein Sieb streichen, mit
3 Eßl. Apricot Brandy **1 Eßl. Wasser** **1 Teel. Rum**	unter Rühren aufkochen lassen, die Sandtorte damit bestreichen *für den Guß*
30 g Puderzucker	sieben, mit den zurückgelassenen
2 Teel. Eiweiß **evtl. etwas Wasser**	verrühren, bis ein spritzfähiger Guß entstanden ist die Masse in ein Pergamentpapiertütchen füllen, von der Tüte eine Spitze abschneiden, die Torte mit dem Guß verzieren.

Haselnußrolle

	Für den Teig
4 Eigelb	mit
3 – 4 Eßl. warmem Wasser	schaumig schlagen, nach und nach ⅔ von
125 g Zucker	mit
1 Päckchen Vanillin-Zucker	hineingeben, so lange schlagen, bis eine cremeartige Masse entstanden ist
4 Eiweiß	steif schlagen, nach und nach den Rest des Zuckers unterschlagen, den Schnee auf die Eigelbcreme geben
75 g Weizenmehl 50 g Speisestärke 1 Messerspitze Backpulver Backin	mit mischen, darüber sieben, unter die Eigelbcreme ziehen (nicht rühren), den Teig etwa 1 cm dick auf ein gefettetes, mit Pergamentpapier belegtes Backblech streichen, an der offenen Seite des Blechs das Papier unmittelbar vor dem Teig zur Falte knicken, so daß ein Rand entsteht, im vorgeheizten Backofen backen
Strom:	200 – 225, **Gas:** 3 – 4
Backzeit:	10 – 15 Minuten
	den Biskuit nach dem Backen sofort auf ein mit Zucker bestreutes Papier stürzen, das Pergamentpapier mit kaltem Wasser bestreichen, vorsichtig, aber schnell abziehen den Biskuit mit der Papierunterlage aufrollen, kalt stellen
	für die Füllung
375 ml (⅜ l) Schlagsahne	½ Minute schlagen
40 g Puderzucker	sieben, mit
2 Päckchen Sahnesteif 1 Päckchen Vanillin-Zucker	mischen, einstreuen, die Sahne steif schlagen
1 – 2 Tropfen Backöl Bittermandel 100 g gemahlene Haselnußkerne	unterrühren
	die ausgekühlte Rolle vorsichtig auseinanderrollen, mit der Haselnußsahne (etwas zurücklassen) gleichmäßig bestreichen, aufrollen, die äußere braune Haut entfernen, die Rolle mit der restlichen Sahne bestreichen, mit
in Scheiben geschnittenen Haselnußkernen	bestreuen.

Back-Tip: Biskuit-Gebäck gelingt nur, wenn der Eierschnee wirklich steif ist. Das Eiweiß sorgfältig vom Eigelb trennen und das Eiweiß ohne Zucker zu festem Schnee schlagen.

Ananas-Sahnetorte

	Für den Teig
3 Eigelb	mit
3 – 4 Eßl. warmem Wasser	schaumig schlagen, nach und nach ⅔ von
125 g Zucker	mit
1 Päckchen Vanillin-Zucker	dazugeben, so lange schlagen, bis eine cremeartige Masse entstanden ist
3 Eiweiß	steif schlagen, nach und nach den Rest des Zuckers unterschlagen, den Schnee auf die Eigelbcreme geben
125 g Weizenmehl	mit
1 gestr. Eßl. Kakao	
3 g (1 gestrichener Teel.) Backpulver	mischen, darüber sieben
50 g abgezogene, gemahlene, geröstete Mandeln	
100 g geriebene Schokolade	darauf geben, vorsichtig unter die Eigelbcreme ziehen (nicht rühren)
	den Teig in die gut gefettete Form füllen, sofort backen
Strom:	175 – 200 (vorgeheizt)
Gas:	3 – 4 (nicht vorgeheizt)
Backzeit:	20 – 30 Minuten
	den Tortenboden gut auskühlen lassen, einmal durchschneiden
	für den Guß
75 g zartbittere Schokolade	in kleine Stücke brechen, mit
etwas Kokosfett	in einem kleinen Topf im Wasserbad bei schwacher Hitze zu einer geschmeidigen Masse verrühren, den oberen Boden gleichmäßig damit überziehen
	für die Füllung
2 schwach gehäufte Teel. Gelatine gemahlen, weiß	mit
3 Eßl. kaltem Wasser	in einem kleinen Topf anrühren, 10 Minuten zum Quellen stehenlassen
10 Scheiben Ananas (aus der Dose, etwa 350 g)	abtropfen lassen, in kleine Stücke schneiden
300 g Ananas-Konfitüre	durch ein Sieb streichen, mit
3 Eßl. Weinbrand	verrühren, die gequollene Gelatine unter Rühren erwärmen, bis sie gelöst ist, unter die Ananas-Konfitüre rühren
500 ml (½ l) Schlagsahne	steif schlagen, ¼ davon zum Verzieren abnehmen, unter die übrige Sahne die Konfitüre rühren, kurze Zeit kalt stellen

Fortsetzung Seite 166

	die Ananas-Stücke (einige zum Garnieren zurücklassen) auf den unteren Boden geben, die Ananas-Sahne darauf verteilen
	den mit Schokolade bestrichenen Boden darauf legen, gut andrücken
	den unteren Rand der Torte mit etwas von der zurückgelassenen Sahne bestreichen, mit
25 g abgezogenen, gemahlenen, gerösteten Mandeln	bestreuen
	die obere Seite der Torte mit der restlichen Sahne verzieren, mit
Liebesperlen	und Ananas-Stücken garnieren.

Kaiserin-Friedrich-Torte

(Abb. S. 167)

	Für den Teig
250 g Kokosfett	zerlassen, kalt stellen, etwas fest werden lassen
oder	
300 g Margarine	geschmeidig rühren
300 g Zucker	
1 Päckchen Vanillin-Zucker	hinzugeben, so lange rühren, bis Fett und Zucker weißschaumig geworden sind, dann nach und nach
5 Eier, 1 Eigelb	
½ Eiweiß	
3 Tropfen Backöl Bittermandel	
½ Fläschchen Rum-Aroma	
Salz	unterrühren
300 g Weizenmehl	mit
75 g Speisestärke	
6 g (2 gestrichene Teel.) Backpulver	mischen, sieben, eßlöffelweise unterrühren
125 g gewürfeltes Zitronat (Sukkade)	unter den Teig heben, ihn in die gefettete Form füllen
Strom:	175 – 200 (vorgeheizt)
Gas:	2 – 3 (nicht vorgeheizt)
Backzeit:	65 – 75 Minuten
	für den Guß
175 g Puderzucker	sieben, mit
½ Eiweiß	
etwa 3 Eßl. Zitronensaft	glattrühren, so daß eine dickflüssige Masse entsteht
	die erkaltete Torte mit dem Guß überziehen
50 g Zitronat (Sukkade)	in Blüten und Streifen schneiden, die Torte damit garnieren.

Prinzregententorte

(Abb. S. 168)

	Für den Teig
250 g Butter	
oder Margarine	geschmeidig rühren, nach und nach
250 g Zucker	
1 Päckchen	
Vanillin-Zucker	
4 Eier, Salz	unterrühren
200 g Weizenmehl	mit
50 g Speisestärke	
3 g (1 gestrichener	
Teel.) Backpulver	mischen, sieben, eßlöffelweise unterrühren aus dem Teig 8 Böden herstellen knapp 2 Eßl. des Teiges jeweils auf einen gefetteten Springformboden (Durchmesser etwa 28 cm) streichen (darauf achten, daß die Teiglage am Rand nicht zu dünn ist, damit der Boden dort nicht zu dunkel wird) jeden Boden ohne Springformrand im vorgeheizten Backofen backen, bis er hellbraun ist
Strom:	175 – 200
Gas:	3 – 4
Backzeit:	8 – 10 Minuten
	für die Buttercreme
1 Päckchen	
Pudding-Pulver für	
Schokoladen-Pudding	mit
10 g Kakao	
100 g Zucker	mischen, mit 6 Eßl. von
500 ml (½ l) kalter Milch	anrühren, die übrige Milch zum Kochen bringen, das Pudding-Pulver unter Rühren in die von der Kochstelle genommene Milch geben, kurz aufkochen lassen, kalt stellen, ab und zu durchrühren
250 g Butter	
oder Margarine	geschmeidig rühren, den Pudding eßlöffelweise darunter geben (darauf achten, daß weder Fett noch Pudding zu kalt sind, da dann die sogenannte Gerinnung eintritt) die einzelnen Böden mit der Buttercreme bestreichen (2 – 3 Eßl. zum Verzieren zurücklassen), zu einer Torte zusammensetzen, die oberste Schicht muß aus einem Boden bestehen
	für den Guß
100 g Schokolade	in kleine Stücke brechen, mit
etwas Kokosfett	in einem kleinen Topf im Wasserbad bei schwacher Hitze zu einer geschmeidigen Masse verrühren, die Torte damit überziehen, mit der zurückgelassenen Creme verzieren, mit
Schokoladentäfelchen	garnieren.

Trüffeltorte

	Für den Teig
4 Eigelb	mit
3 – 4 Eßl. warmem Wasser	schaumig schlagen, nach und nach ⅔ von
175 g Zucker	mit
1 Päckchen Vanillin-Zucker	hinzugeben, so lange schlagen, bis eine cremeartige Masse entstanden ist
4 Eiweiß	steif schlagen, nach und nach den Rest des Zuckers unterschlagen, den Schnee auf die Eigelbcreme geben
100 g Weizenmehl	mit
100 g Speisestärke	
30 g Kakao	
9 g (3 gestrichene Teel.) Backpulver Backin	mischen, darüber sieben, unter die Eigelbcreme ziehen (nicht rühren), den Teig in eine Springform (Durchmesser etwa 28 cm, Boden gefettet, mit Pergamentpapier belegt) füllen, sofort backen
Strom:	175 – 200 (vorgeheizt), **Gas:** 3 – 4 (nicht vorgeheizt)
Backzeit:	20 – 30 Minuten
	den Tortenboden gut auskühlen lassen
	für die Füllung
125 g Butter	geschmeidig rühren
150 g Puderzucker	mit
100 g Kakao	mischen, sieben, nach und nach abwechselnd mit
1 Ei	
1 Fläschchen Rum-Aroma	unterrühren, 16 Teel. davon abnehmen, jedesmal so viel, daß sich aus einem Teel. Masse eine kirschgroße Kugel formen läßt, die Masse kalt stellen
	unter den Rest der Füllung
2 Eßl. Wasser	
1 Päckchen Vanillin-Zucker	rühren
	den Tortenboden zweimal durchschneiden, mit der Kakaomasse füllen
	für den Guß
100 g Schokolade	in kleine Stücke brechen, mit
etwas Kokosfett	in einem kleinen Topf im Wasserbad bei schwacher Hitze zu einer geschmeidigen Masse verrühren, die Torte gleichmäßig damit überziehen
	den Rand und einen 2 cm breiten Rand auf der Torte mit
75 g Schokoladen-streuseln	bestreuen
	aus der kalt gestellten Masse 16 Kugeln formen, in den restlichen Schokoladenstreuseln wälzen (in einem Kaffeesieb), kranzförmig auf die Torte legen.

Gebäcke für Kalorienbewußte

„Mailänderli" oder Buttergebäck

(Abb. S. 77)

150 g Butter	geschmeidig rühren, nach und nach
15 g Assugrin Streusüße oder 2 Teel. Assugrin-Flüssigsüße 1 Ei abgeriebene Schale von 1 Zitrone (unbehandelt)	unterrühren
225 – 250 g Weizenmehl	mit
8 g (½ Päckchen) Backpulver	mischen, darüber sieben, alles zu einem glatten Teig verarbeiten den Teig etwa ½ Stunde kalt stellen, etwa 3 mm dick ausrollen, mit beliebigen Formen Plätzchen ausstechen, auf ein mit Back-Trennpapier belegtes Backblech legen
1 Eigelb	mit
1 Eßl. Wasser	verschlagen, die Plätzchen damit bestreichen, in den vorgeheizten Backofen schieben, goldgelb backen
Strom:	Etwa 175
Gas:	Etwa 3
Backzeit:	8 – 12 Minuten. Ergibt etwa 60 Plätzchen, pro Plätzchen 155 kJ ≙ 37 kcal, E: 0,7 g, F: 2,4 g, KH: 3 g.

Bunte Weihnachtssterne

(Abb. S. 57)

325 g Weizenmehl	mit
3 g (1 gestr. Teel.) Backpulver	mischen, auf die Tischplatte sieben, in die Mitte eine Vertiefung eindrücken
2 Eiweiß 3 Teel. Assugrin Flüssigsüße Salz Mark von 1 Vanilleschote 1 Fläschchen Backöl Butter-Vanille	hineingeben, mit einem Teil des Mehls zu einem dicken Brei verarbeiten
160 g kalte Butter	in Stücke schneiden, auf den Brei geben, mit Mehl bedecken, von der Mitte aus alle Zutaten schnell zu einem glatten Teig verkneten, sollte er kleben, ihn eine Zeitlang kalt stellen den Teig dünn ausrollen, Sterne ausstechen, auf ein mit Back-Trennpapier belegtes Backblech legen

2 Eigelb	mit
1 Eßl. Wasser	verschlagen, in drei Portionen teilen, mit
roter, gelber und grüner Lebensmittelfarbe	einfärben
	die Sterne mit den drei Farben bestreichen, in den vorgeheizten Backofen schieben
Strom:	Etwa 200, **Gas:** Etwa 4
Backzeit:	12 – 15 Minuten.
	Ergibt etwa 90 Plätzchen, pro Plätzchen 123 kJ ≙ 29 kcal. E: 0,6 g, F: 1,7 g, KH: 2,7 g.

Nussige Kringel mit Mandeln

(Abb. S. 117)

150 g gesiebtes Weizenmehl	mit
9 g (3 gestrichene Teel.) Backpulver	
100 g abgezogenen, gemahlenen Mandeln	
½ Teel. gemahlenem Zimt	
abgeriebener Schale von 1 Orange (unbehandelt)	mischen, auf die Tischplatte geben, in die Mitte eine Vertiefung eindrücken
1 Ei, 1 Eiweiß	mit
3 Teel. Assugrin Flüssigsüße	
einigen Tropfen Backöl Bittermandel	gut verrühren, in die Vertiefung geben, mit einem Teil des Mehl-Mandel-Gemisches zu einem dicken Brei verarbeiten
100 g kalte Butter	in Stücke schneiden, auf den Brei geben, mit Mehl bedecken, von der Mitte aus alle Zutaten schnell zu einem glatten Teig verkneten, sollte der Teig kleben, ihn eine Zeitlang kalt stellen
	den Teig etwa 3 mm dick ausrollen, zunächst mit einer runden Form (Durchmesser 4,5 – 5 cm) ausstechen, die Teigplätzchen mit einer kleineren Form (Durchmesser etwa 2 cm) in der Mitte so ausstechen, daß Ringe entstehen, auf ein mit Back-Trennpapier belegtes Backblech legen
1 Eigelb	mit
1 Eßl. Wasser	verschlagen, die Teigringe damit bestreichen, mit
15 – 20 g feingehackten Mandeln	bestreuen, in den vorgeheizten Backofen schieben
Strom:	Etwa 200, **Gas:** Etwa 4
Backzeit:	10 – 12 Minuten.
	Ergibt etwa 56 Plätzchen, pro Plätzchen 167 kJ ≙ 40 kcal, E: 1 g, F: 2,9 g, KH: 2,4 g.

Zarter Baumkuchen

(Abb. S. 127)

175 g Butter	geschmeidig rühren, nach und nach
4 Eigelb	
4 Eßl. frisch gepreßten Orangensaft	
abgeriebene Schale von 1 Orange (unbehandelt)	
Mark von 1 Vanilleschote	
4 Teel. Assugrin Flüssigsüße oder 25 g Assugrin Streusüße	unterrühren
5 Eier	sehr schaumig schlagen
4 Eiweiß	steif schlagen, es muß so fest sein, daß ein Messerschnitt sichtbar bleibt die Eierschaum-Masse in die Butter-Eigelb-Masse geben, den Eischnee darauf füllen
100 g Weizenmehl	mit
85 g Speisestärke	
12 g (4 gestr. Teel.) Backpulver Backin	mischen, darüber sieben, alles vorsichtig mit einem Schneebesen unterrühren eine gefettete Kasten- oder Springform mit Pergamentpapier auskleiden, 3 – 4 Eßl. Teig auf den Boden streichen die Form auf dem Rost in den Backofen schieben (Abstand zwischen Grill und Teigschicht etwa 20 cm) die Teigschicht unter dem vorgeheizten Grill hellbraun backen
Grillzeit	
Strom:	1 – 1½ Minuten
Gas:	1 – 1½ Minuten als zweite Schicht etwa 3 Eßl. Teig auf die gebackene Schicht streichen, die Form wieder unter den Grill schieben den Teig auf diese Weise verarbeiten den fertigen Kuchen mit einem Messer vorsichtig vom Rand der Form lösen, auf ein Backblech stürzen, das Papier abziehen, sofort noch etwa 5 Minuten in den heißen Backofen schieben
	für den Guß
30 g Kokosfett	zerlassen
1 gehäuften Teel. Kakao	unterrühren, den erkalteten Kuchen dünn damit bestreichen, nach Belieben mit
Assugrin-Streusüße	bestreuen. Ergibt 14 Stücke, pro Stück 795 kJ ≙ 190 kcal, E: 4,4 g, F: 14,5 g, KH: 11,6 g.

Rosenkuchen mit Quarkfüllung

(Abb. S. 107)

	Für die Füllung
75 g Speisequark (Magerstufe)	mit
etwas abgeriebener Zitronenschale (unbehandelt)	
1 Teel. Assugrin Flüssigsüße	
4 – 5 Tropfen Backöl Bittermandel	verrühren
	für den Teig
125 g Speisequark (Magerstufe)	mit
6 Eßl. Milch	
4 Eßl. Speiseöl	
1 Teel. Assugrin-Flüssigsüße	
1 Eiweiß	
½ Eigelb	verrühren
Mark von 1 Vanilleschote	
Salz	hinzufügen
300 g Weizenmehl	mit
12 g (4 gestr. Teel.) Backpulver Backin	mischen, über die Quark-Masse sieben, alles zu einem geschmeidigen Teig verarbeiten den Teig zu einem Rechteck von 30 x 50 cm ausrollen die Füllung auf den Teig streichen
80 g abgezogene, gehobelte Mandeln	
75 g verlesene Rosinen oder Korinthen	gleichmäßig darüberstreuen, den Teig aufrollen, die Rolle in 13 – 14 Scheiben schneiden, diese in eine gefettete Springform (Durchmesser 20 oder 22 cm) legen
½ Eigelb	mit
2 Eßl. Wasser	verschlagen, den Teig damit bestreichen, mit
10 g abgezogenen, gehobelten Mandeln	bestreuen die Form auf dem Rost in den vorgeheizten Backofen schieben
Strom:	Etwa 175
Gas:	Etwa 3
Backzeit:	45 – 55 Minuten. Ergibt 12 Stücke, pro Stück 962 kJ ≙ 230 kcal. E: 8 g, F: 10,3 g, KH: 24,5 g.

Lebkuchen-Nikolaus

(Abb. S. 177)

250 g Weizenmehl	mit
1½ g (½ gestr. Teel.) Backpulver	
½ Päckchen Lebkuchen-Gewürz	
1 Teel. gemahlenem Zimt	mischen, in eine Schüssel sieben
1 Ei, ½ Eiweiß	
½ Eigelb	hineingeben
40 g Butter	mit
2 Eßl. Wasser	
2 Teel. Assugrin-Flüssigsüße	in einem kleinen Topf erwärmen
5 g Pottasche	in
3 Eßl. frisch gepreßtem Orangensaft	auflösen
	beide Flüssigkeiten in das Mehl-Gemisch geben, alles zu einem festen Teig verarbeiten
	den Teig etwa ½ cm dick ausrollen, einen Nikolaus (nach Schablone) ausschneiden, auf ein mit Back-Trennpapier belegtes Backblech legen
	mit Hilfe eines spitzen Messers die Konturen von Gesicht, Mantel, Stiefel usw. nachziehen
7 Pistazienkerne	in Stifte bzw. kleine Stücke schneiden
20 g abgezogene Mandeln	halbieren
20 g Haselnußkerne	
5 g gehackte Mandeln	
	den Nikolaus mit den vier Zutaten verzieren, Nüsse und Mandeln etwas festdrücken und mit
½ verschlagenem Eigelb	bestreichen
	den Teig mit
½ verschlagenem Eiweiß	bestreichen
	das Backblech in den vorgeheizten Backofen schieben
Strom:	Etwa 200, **Gas:** Etwa 4
Backzeit:	Etwa 25 Minuten
	Nikolaus 4.688 kJ ≙ 1.120 kcal E: 31,8 g, F: 47,8 g, KH: 124 g
	aus dem restlichen Teig Plätzchen mit beliebigen Formen ausstechen, auf ein mit Back-Trennpapier belegtes Backblech legen, mit dem restlichen Eiweiß bestreichen, mit
abgezogenen, halbierten Mandeln	
ganzen Haselnußkernen	verzieren
Strom:	Etwa 200, **Gas:** Etwa 4
Backzeit:	Etwa 15 Minuten.
	Ergibt etwa 20 Plätzchen, pro Plätzchen 184 kJ ≙ 44 kcal, E: 1,2 g, F: 2,6 g, KH: 4 g.

Weihnachts-Baumstamm

(Abb. S. 178)

	Für den Teig
5 Eier	mit
2 Eßl. warmem Wasser	schaumig schlagen, nach und nach
60 g Zucker	hinzufügen, so lange schlagen, bis eine cremeartige Masse entstanden ist
1½ – 2 Teel. Assugrin Flüssigsüße oder 12 g Assugrin Streusüße	unterschlagen
120 g Weizenmehl	mit
20 g Kakao 9 g (3 gestrichene Teel.) Backpulver	mischen, daüber sieben
abgeriebene Schale von 1 Orange (unbehandelt)	hinzufügen, alles unter die Eigelbcreme ziehen (nicht rühren), den Teig etwa 1 cm dick auf ein gefettetes, mit Pergamentpapier belegtes Backblech streichen, an der offenen Seite des Blechs das Papier unmittelbar vor dem Teig zu einer Falte knicken, so daß ein Rand entsteht, im vorgeheizten Backofen backen
Strom:	175 – 200
Gas:	3 – 4
Backzeit:	10 – 12 Minuten
	den Biskuit nach dem Backen sofort auf ein Küchentuch stürzen, das Pergamentpapier mit kaltem Wasser bestreichen, vorsichtig, aber schnell abziehen den Biskuit gleichmäßig mit
3 – 4 Eßl. Kirschkonfitüre	bestreichen, von der kürzeren Seite her aufrollen, auf ein mit Pergamentpapier belegtes Backblech legen
	für die Verzierung
3 Eiweiß	steif schlagen, es muß so fest sein, daß ein Messerschnitt sichtbar bleibt zuerst
35 g feinkörnigen Zucker	dann
1 Teel. Assugrin Flüssigsüße	unterschlagen den Eierschnee in einen Spritzbeutel mit großer Sterntülle füllen, die Biskuitrolle mit gleichmäßig nebeneinander gesetzten Längsstreifen verzieren, einige Minuten unter den vorgeheizten Grill schieben, hellbraun werden lassen den ausgekühlten Weihnachts-Baumstamm nach Belieben verzieren.
	Ergibt etwa 14 Scheiben, pro Scheibe 460 kJ ≙ 110 kcal, E: 4,4 g, F: 2,6 g, KH: 16 g.

Quarkstollen

(Abb. S. 27)

425 g Weizenmehl	in eine Schüssel sieben, mit
1 Päckchen Trocken-Hefe	sorgfältig vermischen
Schale von 1 Zitrone (unbehandelt)	mit
Salz	
½ Teel. gemahlenem Zimt	
¼ Teel. gemahlenem Kardamom	hinzufügen, mit dem Mehl vermengen
75 g zerlassene, lauwarme Butter	mit
1 Ei	
100 ml lauwarmer Milch	
2 Eßl. Rum	
2 Teel. Assugrin Flüssigsüße	gut verrühren, mit
250 g Magerquark	in die Mehl-Gewürz-Mischung geben, alles mit einem elektrischen Handrührgerät mit Knethaken zuerst auf der niedrigsten, dann auf der höchsten Stufe in etwa 5 Minuten zu einem Teig verarbeiten, zugedeckt an einem warmen Ort etwa 30 Minuten gehen lassen
100 g gewürfeltes Zitronat (Sukkade)	
100 g gewürfeltes Orangeat	
80 g gehackte Mandeln	
150 g verlesene Rosinen	die vier Zutaten mit
1 Eßl. Weizenmehl	vermengen, unter den Hefeteig kneten den Teig halbieren, jede Hälfte zu einem abgerundeten Rechteck ausrollen ⅓ der Teigstücke von der längeren Seite aus dünner ausrollen, mit
etwas weicher Butter	bestreichen den übrigen Teig so darüber schlagen, daß ein etwa 5 cm breiter Rand frei bleibt die geformten Stollen auf ein mit Back-Trennpapier belegtes Backblech legen, zugedeckt an einem warmen Ort nochmals etwa 30 Minuten gehen lassen das Backblech in den vorgeheizten Backofen schieben
Strom:	175 – 200, **Gas:** 3 – 4
Backzeit:	50 – 60 Minuten die Stollen während des Backens mit
25 g flüssiger Butter	bestreichen, nach dem Backen mit
Assugrin Streusüße	bestreuen. Ergibt 20 Scheiben, pro Scheibe 925 kj ≙ 220 kcal, E: 6,2 g, F: 9 g, KH: 30 g.

Flockige Kokos-Makronen

(Abb. S. 88)

3 Eiweiß	steif schlagen, es muß so fest sein, daß ein Messerschnitt sichtbar bleibt
15 g Assugrin Streusüße oder 2½ – 3 Teel. Assugrin Flüssigsüße	unterschlagen
200 g Kokosflocken	mit
abgeriebener Schale von 1 Orange (unbehandelt)	mischen, vorsichtig unter den Eierschnee heben von der Masse mit 2 Teelöffeln Häufchen auf
28 – 30 Oblaten	setzen, auf ein gefettetes Backbleck legen, in den vorgeheizten Backofen schieben
Strom:	175 – 200, **Gas:** 3 – 4
Backzeit:	10 – 12 Minuten. Ergibt 28 – 30 Makronen, pro Makrone 168 kJ ≙ 40 kcal, E: 1,3 g, F: 3,4 g, KH: 0,9 g.

Haselnuß-Plätzchen

(Abb. S. 48)

2 Eier	mit
50 g Zucker	schaumig schlagen
10 g Assugrin Streusüße oder 1½ Teel. Assugrin-Flüssigsüße	unterschlagen
100 g Weizenmehl	sieben, mit
10 g gehackten Mandeln 150 g gemahlenen, gerösteten Haselnußkernen ½ Päckchen Lebkuchen-Gewürz	mischen, darüber geben, mit dem elektrischen Handrührgerät mit Knethaken schnell zu einem glatten Teig verkneten den Teig etwa ½ cm dick ausrollen, mit beliebigen Formen Plätzchen ausstechen, auf ein mit Back-Trennpapier ausgelegtes Backblech legen in die Mitte der Plätzchen je einen von
35 – 40 g Haselnußkernen	setzen, das Backblech in den vorgeheizten Backofen schieben
Strom:	175 – 200, **Gas:** 3 – 4
Backzeit:	Etwa 15 Minuten. Ergibt 50 Plätzchen, pro Plätzchen 175 kJ ≙ 42 kcal. E: 1,1 g, F: 2,7 g, KH: 3 g.

Weihnachtsherz, gefüllt

(Abb. Rücktitel)

	Für den Teig
3 Eier	mit
50 g Zucker	schaumig schlagen
15 g Assugrin Streusüße oder 2 Teel. Assugrin-Flüssigsüße	unterschlagen
200 g Weizenmehl	sieben, mit
3 g (1 gestrichener Teel.) Backpulver 40 g gehackten Mandeln abgeriebener Schale von 1 Orange (unbehandelt) 1 Päckchen Lebkuchen-Gewürz	mischen, darüber geben, alles zu einem glatten Teig verarbeiten den Teig etwa 5 mm dick ausrollen zwei große Herzen ausschneiden (nach Schablone)
	für die Füllung
100 g abgezogene, gemahlene Mandeln	mit
1 Eiweiß 1½ Teel. Assugrin-Flüssigsüße 1 Teel. Rosenwasser	gut verrühren ein Teig-Herz auf ein mit Back-Trennpapier ausgelegtes Backblech legen, die Füllung darauf streichen, dabei einen etwa 1 cm breiten Rand frei lassen den Rand mit Wasser bestreichen, das zweite Teig-Herz darauf legen, die Ränder gut andrücken das gefüllte Herz in den vorgeheizten Backofen schieben
Strom:	175 – 200
Gas:	3 – 4
Backzeit:	30 – 40 Minuten
	für die Verzierung
75 g Weizenmehl	auf die Tischplatte sieben, in die Mitte eine Vertiefung eindrücken
½ Eigelb	mit
einigen Tropfen Assugrin-Flüssigsüße	verrühren, hineingeben, mit einem Teil des Mehls verrühren
50 g kalte Butter	in Stücke schneiden, auf den Brei geben, mit Mehl bedecken, von der Mitte aus alle Zutaten zu einem glatten Teig verkneten, sollte er kleben, ihn eine Zeitlang kalt stellen den Teig dünn ausrollen, etwa 20 kleine Herzen ausstechen, aus dem restlichen Teig Buchstaben (Frohes Fest) formen

	5 – 10 Minuten vor Beendigung der Backzeit das Herz mit
1 – 2 Eßl. Kartoffelmehl-Glasur (Rezept S. 185)	bestreichen, ringsherum mit den kleinen Knetteig-Herzen verzieren, die Buchstaben in der Mitte anordnen
½ Eigelb	mit
1 Teel. Wasser	verschlagen, die Verzierungen damit bestreichen das Herz wieder in den Backofen schieben, fertig backen. Ergibt etwa 16 Scheiben, pro Scheibe 753 kj ≙ 180 kcal, E: 5,3 g, F: 9 g, KH: 17,8 g.

Gewürzstern

(Abb. S. 38)

150 g Butter	mit
60 g Zucker	
2 Teel. Assugrin Flüssigsüße	sehr schaumig rühren, nach und nach
3 Eier	
abgeriebene Schale von 1 Zitrone (unbehandelt)	
1 Teel. gemahlenen Zimt	
3 Teel. Lebkuchen-Gewürz	
¼ Teel. gemahlene Nelken	
1 Messerspitze gemahlene Muskatblüte (Macis)	
1 Messerspitze gemahlenen Kardamom	unterrühren
275 g Weizenmehl	mit
12 g (4 gestrichene Teel.) Backpulver	
20 g Kakao	mischen, sieben, eßlöffelweise unterrühren
3 Teel. Instant-Kaffeepulver	mit
1 Eßl. heißem Wasser	anrühren, unter den Teig rühren den Teig in eine gut gefettete Sternform füllen
Strom:	180 – 190
Gas:	Etwa 3
Backzeit:	Etwa 50 Minuten den abgekühlen Kuchen stürzen, erkalten lassen, mit
abgezogenen, halbierten Mandeln	verzieren, mit
Assugrin Streusüße	bestreuen. Ergibt etwa 16 Kuchenstücke, pro Stück 711 kJ ≙ 170 kcal, E: 3,5 g, F: 9,5 g, KH: 17,1 g.

Orangenkuchen, einmal ganz anders

(Abb. S. 68)

	Für den Belag
2 mittelgroße Orangen (unbehandelt, je 150 g)	heiß abwaschen, trockentupfen, in dünne Scheiben schneiden, in
4 Eßl. Rum	
1 Teel. Assugrin Flüssigsüße	zum Kochen bringen, etwa 2 Minuten kochen lassen, beiseite stellen
	für den Teig
2 Eier	mit
2 Eigelb	
abgeriebener Schale von 1 Orange (unbehandelt)	
2 Eßl. frisch gepreßtem Orangensaft	sehr schaumig schlagen
2 Eiweiß	steif schlagen, es muß so fest sein, daß ein Messerschnitt sichtbar bleibt, auf die Eigelb-Masse geben
2 Teel. Assugrin-Flüssigsüße	darüber geben
1 Päckchen Pudding-Pulver Vanille-Geschmack	mit
50 g Speisestärke	
6 g (2 gestr. Teel.) Backpulver	mischen, über den Eischnee sieben, alles mit einem Schneebesen unter die Eigelb-Masse rühren den Boden einer beschichteten Obstform (Durchmesser 28 cm) mit Back-Trennpapier auslegen, die Orangenscheiben darauf verteilen, etwas Kochflüssigkeit dazu geben, den Teig darauffüllen, glattstreichen die Form auf dem Rost in den vorgeheizten Backofen schieben
Strom:	Etwa 175, **Gas:** Etwa 3
Backzeit:	25 – 30 Minuten den Kuchen in der Form etwas abkühlen lassen, dann auf ein Kuchenrost stürzen, Back-Trennpapier abziehen
	zum Überziehen
1 Teel. Gelatine gemahlen, weiß	mit
3 Eßl. frisch gepreßtem Orangensaft	
1 Eßl. Rum	anrühren, 10 Minuten zum Quellen stehenlassen, unter Rühren erwärmen, bis sie gelöst ist, den Orangenkuchen damit bestreichen. Ergibt 12 Stücke, pro Stück 289 kJ ≙ 69 kcal, E: 2,9 g, F: 2 g, KH: 9,8 g.

Bunte Lebkuchenplätzchen

(Abb. S. 37)

3 Eier	mit
40 g Zucker	schaumig schlagen
12 – 15 g Assugrin Streusüße oder 1½ – 2 Teel. Assugrin Flüssigsüße abgeriebene Schale von 1 Zitrone (unbehandelt)	
1 Eßl. Rum	unterrühren
200 – 225 g Weizenmehl	mit
6 g (2 gestrichene Teel.) Backpulver 1 Päckchen Lebkuchen-Gewürz 1 gestrichenen Teel. gemahlenem Zimt	mischen, darüber sieben, alles zu einem glatten Teig verarbeiten
40 g feingehacktes Zitronat (Sukkade) 40 g feingehacktes Orangeat 30 g gehackte Mandeln	unterkneten
	den Teig 6 – 7 mm dick ausrollen, in etwa 5 cm große Rhomben schneiden, auf ein mit Back-Trennpapier belegtes Backblech legen, in den vorgeheizten Backofen schieben
Strom:	175 – 200
Gas:	3 – 4
Backzeit:	15 – 20 Minuten
	für die Kartoffelmehl-Glasur
50 g Kartoffelmehl	in eine heiße Pfanne geben, unter Rühren bräunen lassen
375 ml (⅜ l) kaltes Wasser	hinzugießen, unter Rühren zum Kochen bringen, durch ein feines Sieb rühren, wieder zum Kochen bringen, etwas einkochen lassen, mit
¾ – 1 Teel. Assugrin Flüssigsüße	süßen
	die Lebkuchenplätzchen sofort nach dem Backen mit der Glasur bestreichen
20 – 22 enthäutete Mandeln 10 – 11 Belegkirschen (rot und grün)	beide Zutaten halbieren, die Plätzchen damit verzieren, noch etwa 1 Minute in den heißen Backofen geben.
	Ergibt 50 Plätzchen, pro Plätzchen 188 kJ ≙ 45 kcal, E: 1,2 g, F: 1,2 g, KH: 7 g.

Stutenkerle oder Weckmänner

(Abb. S. 187)

500 g Weizenmehl	in eine Schüssel sieben, mit
1 Päckchen Trocken-Hefe	sorgfältig vermischen
abgeriebene Schale von 1 Zitrone (unbehandelt) **etwa 2 g Safranpulver** **etwas gemahlenen Zimt**	hinzufügen, mit dem Mehl vermengen
100 g zerlassene, lauwarme Butter oder Margarine	mit
1 Ei **250 ml (¼ l) lauwarmem Wasser** **1½ Teel. Assugrin Flüssigsüße**	gut verrühren, in die Mehl-Gewürz-Mischung geben, alles mit einem elektrischen Handrührgerät mit Knethaken zuerst auf der niedrigsten, dann auf der höchsten Stufe in etwa 5 Minuten zu einem Teig verarbeiten
40 g verlesene Rosinen	unterkneten den Teig zugedeckt an einem warmen Ort etwa 30 Minuten gehen lassen den Teig 1 – 1½ cm dick ausrollen vier Stutenkerle ausschneiden (nach Schablone) die Armkonturen mit Hilfe eines Messers formen aus den Teigresten kleine Rollen und Kordeln formen, die Stutenkerle nach Belieben damit verzieren
4 Tonpfeifen	unter den linken Arm der Stutenkerle schieben die Stutenkerle nochmals an einem warmen Ort etwa 20 Minuten gehen lassen
1 Eigelb	verschlagen, die Hälfte davon abnehmen, mit
etwas Kakao oder gemahlenem Zimt	gut verrühren die Stutenkerle mit dem Eigelb und dem Eigelb-Gemisch unterschiedlich bestreichen
Rosinen	als Augen und
abgezogene, gestiftelte Mandeln	als Mund und Nase in den Teig drücken
abgezogene, halbierte Mandeln	als Knöpfe setzen die Stutenkerle in den vorgeheizten Backofen schieben
Strom:	175 – 200
Gas:	3 – 4
Backzeit:	Etwa 20 Minuten. Pro Stutenkerl 2975 kJ ≙ 710 kcal, E: 18,3 g, F: 26,5 g, KH: 100 g.
Tip:	In Cellophanpapier verpackt, mit Schleifenband und Goldsternchen verziert, sind Stutenkerle ein originelles Mitbringsel in der Adventszeit oder zum Nikolaustag.

Fröhlic
Weihnach

Früchtebrot

(Abb. S. 188)

200 g Roggenmehl	mit
200 g Weizenmehl	in eine Schüssel sieben, mit
1 Päckchen Trocken-Hefe	sorgfältig verrühren
½ Päckchen Lebkuchen-Gewürz abgeriebene Schale von 1 Orange (unbehandelt)	hinzufügen, mit dem Mehl vermengen
50 g zerlassene, lauwarme Butter oder Margarine	mit
1 Ei 250 ml (¼ l) lauwarmem Kaffee 2½ – 3 Teel. Assugrin Flüssigsüße	gut verrühren, in die Mehl-Gewürz-Mischung geben, alles mit einem elektrischen Handrührgerät mit Knethaken zuerst auf der niedrigsten, dann auf der höchsten Stufe in etwa 5 Minuten zu einem Teig verarbeiten, zugedeckt an einem warmen Ort etwa 30 Minuten gehen lassen
150 g entsteinte Backpflaumen 150 g getrocknete Aprikosen	beide Zutaten grob würfeln, mit
100 g verlesenen Rosinen 30 g abgezogenen, gestiftelten Mandeln	vermengen, 1 Eßl. davon zurücklassen, die übrigen Früchte mit
etwas Weizenmehl	vermengen, unter den Hefeteig kneten, einen länglichen Laib daraus formen, auf ein mit Back-Trennpapier belegtes Backblech geben, zugedeckt an einem warmen Ort nochmals 20 – 25 Minuten gehen lassen das Früchtebrot in den vorgeheizten Backofen schieben
Strom:	Etwa 200
Gas:	Etwa 4
Backzeit:	50 – 60 Minuten etwa 20 Minuten vor Beendigung der Backzeit das Früchtebrot mit
3 Eßl. Kartoffelmehl-Glasur (Rezept S. 185)	bestreichen, mit der zurückgelassenen Frucht-Mischung bestreuen. Ergibt 15 – 16 Scheiben, pro Scheibe 833 kJ ≙ 210 kcal, E: 4,6 g, F: 4,3 g, KH: 36 g.
Tip:	In Alufolie verpackt, kühl und trocken gelagert, bleibt das Früchtebrot einige Zeit frisch und bekommt noch mehr Aroma.

Schwarz-Weiß-Gebäck

(Abb. S. 128)

	Für den hellen Teig
300 g Weizenmehl	mit
3 g (1 gestr. Teel.) Backpulver	mischen, in eine Rührschüssel sieben
3 Teel. Assugrin Flüssigsüße oder 18 g Assugrin Streusüße 1 Fläschchen Rum-Aroma 180 g Butter oder Margarine	hinzufügen, alles mit einem elektrischen Handrührgerät mit Knethaken zu einem glatten Teig verarbeiten
	für den dunklen Teig
10 g (1 gestr. Eßl.) Kakao einige Tropfen Assugrin Flüssigsüße oder 1 Eßl. Assgurin Streusüße 1 Eßl. Wasser	unter die Hälfte des Teiges kneten beide Teige getrennt noch einmal durchkneten, etwa ½ cm dick ausrollen, in etwa ½ cm breite, gleich lange Streifen schneiden die dunklen und die hellen Teigstreifen schachbrettartig zusammensetzen die Teigblöcke etwa 15 Minuten kalt stellen, mit einem scharfen Messer in gleichmäßige Scheiben schneiden, auf ein mit Back-Trennpapier belegtes Backblech legen, in den vorgeheizten Backofen schieben
Strom:	Etwa 175
Gas:	Etwa 3
Backzeit:	12 – 15 Minuten. Ergibt 60 Plätzchen, pro Plätzchen 175 kJ ≙ 42 kcal, E: 0,6 g, F: 2,6 g, KH: 3,8 g.
Tip:	Schwarz-Weiß-Gebäck läßt sich auch in folgenden Mustern herstellen: Den hellen und den dunklen Teig zu gleichmäßig großen Rechtecken dünn ausrollen, übereinanderlegen, etwas festdrücken, von einer Seite aufrollen oder von beiden Seiten zur Mitte hin aufrollen, die Rollen kalt stellen, in gleichmäßige Scheiben schneiden. Oder aus dem dunklen Teig 3 cm dicke Rollen formen, einzeln in den dünn ausgerollten hellen Teig wickeln, die Rollen kalt stellen, in gleichmäßige Scheiben schneiden. Die Teigplätzchen wie im Rezept beschrieben backen.

A

B

C

D

E

F

G

H

I

J

K

L

M

N

O

P

Q

R

S

Sch

St

T

V

W

Z